풀꽃 향기가 나는
사람이 좋다

풀꽃 향기가 나는 사람이 좋다

| 이규석 시집 |

도서출판 천우

시인의 말

내리는 빗줄기를 바라보면
투명한 빛에 톡톡 튀는 상쾌함이 있다
비는 끊임없이 지난 시간과 다가올 내일을
상기시킨다
생애의 연착(戀着), 의지
어떤 일을 이루고자 하는 의욕
그것은 사막에서 씨앗을 싹트게 하고
오아시스를 탄생시키기도 한다
내리는 비와 비를 바라보는 내 모습
들여다보기 쉽지 않은 깊고 넓은 내면까지도
찬찬히 주의 깊게 바라볼 것
자신에게 충실할 것
어떤 상황에서도 진실될 것
자유와 안정, 용기는
진실되고 바른 가운데서 얻어진다
그것을 바탕으로 살며 생각하고 느끼고 찾고
마음껏 사랑하라

시를 끄적일 때 늘 지켜봐 준 사랑하는 아내에게 우리의 39주년 결혼기념일 선물로 이 시집을 바치며, 듬직한 후원자인 두 아들과 예쁜 며느리와 함께 첫 시집 발간의 기쁨을 나누고자 한다.

그간 아낌없는 성원을 보내주시며 시집 발간을 독려해 주신 월간『문학세계』김천우 발행인님과 지준기 고문님, 윤제철 편집주간님, 편집부 관계자분들께 헤아릴 수 없이 깊은 감사를 드린다.

2025년 6월 초여름에

열천

제1부

그녀는 사랑을 원해요

제2부

벚꽃이 진 후

제3부

그만하면 네 삶도 괜찮았어

제4부

속삭이는 섬

제5부

그리운 별 하나

제1부

그녀는 사랑을 원해요

천변에 불어오는 바람

그 바람을 정면으로 맞으며

질긴 풀잎처럼 눕고

누운 몸 위로 노을이 따스하게

덮였으면·

그리움의 단비

가슴을 적시는 단비가 내려요
향을 사르고 단정히 앉아 그대를
기다립니다

마음이 걸림 없이 맑아지면
기별 없이 찾아올 그대라고 믿은 지 오래랍니다
보이지 않아도 우린 이어져 있어요
이별이 이별 아닌 것이죠

외로움은 기다림이고
기다림은 끝없는 그리움이라고
그대는 말하셨죠

사랑할 수 있는 한 사랑하겠습니다
그리워할 수 있는 한 그리워하겠습니다
그러는 한 이별은 없으니까요

이별 후에

안개 자욱한 간이역에서
빈 철길을 하염없이 바라보는 그대
새벽이슬에 흠뻑 젖은 채
누구를 기다리고 있나요

지나간 아픔은
건널 수 없는 검푸른 새벽 강의 경계인
이곳에서 망각 속으로 흘려보내는 외에는
할 수 있는 일이 없답니다
어쩌면 그댄 누군가를 떠나보내기 위해
여기 와 있는 건 아닌가요

누군가 떠난 빈자리엔
다시 그리움이 안개처럼 들어설 테지만
어쩌겠어요
쓰라리더라도 감내할 수밖에요

아내가 아프다

아내가 아프다
어지간해선 약 없이 참고 넘겼던 아내가 결국은
병원을 찾는다
의사는 몇 마디 물어보곤 허리디스크라고 한다
허리가 힘없이 꺾이면 그렇단다
아내는 잔병 하나 달고 산 적이 없었고
아이들 가졌을 때도 감기약 한번 먹지 않았는데
비염이 자주 오더니 허리마저 탈이 났다

청소와 설거지에 젖은 빨래 뭉치를 너느라
무리가 갔을까
아내는 작은 몸으로 용케도 버텨왔구나
이 지경이 되도록 나는 무엇을 했던가
끙끙대던 모습이 안쓰러웠음에도
다가가 덜어주지 못했으니

착하고 가련한 아내여
평생 파릇파릇할 줄 알았는데
실컷 쉬어보는 호강을 누려보지 못했으니
내 뒤늦은 후회를 어찌하면 좋을까
우리의 결혼기념일은 다가오는데
아내는 허리가 아파서 병원에 다닌다

그녀는 사랑을 원해요

그녀는 밤이 되면 아름다워요
밤을 위해 태어났어요
밤이 없는 그녀는 상상할 수 없어요
그녀가 밤거리를 거닐면 뭇별들도 다가와 빛을 밝혀주고요
그녀가 밤에 사랑을 나누면 시샘 잘하는 달도
구름 속에 제 모습 감추어 못 본 체하죠

그녀를 만나거든 사랑을 듬뿍 주세요
그녀에게 사랑을 고백해 보세요
그녀가 눈빛을 반짝이면 슬픔과 고통에 지친 이들이
위로를 받는답니다

그녀가 원하는 것은 단 하나,
그녀는 사랑을 원해요
사랑만이 그녀를 재울 수 있어요
사랑만이 그녀를 웃게 할 수 있어요
사랑은 그녀의 전부랍니다

다만 지고지순한 사랑이어야 해요
어설픈 고백으로 그녀에게 다가서지 마세요
거짓 사탕발림으로 환심을 살 생각도 마세요
그녀를 싸늘하게 돌아서게 하니까요

그녀를 울리면 하늘이 노하여
맑던 하늘이 먹구름 짙게 드리워
천둥번개가 치고 밤과 낮이 바뀌어 혼돈에
빠뜨릴지 몰라요

결혼식 전야

내일의 축제를 위해
너의 방에 일찍 불은 꺼지고
집안은 온통 어둠 속에 조용하다

활짝 핀 과꽃, 라벤더, 패랭이꽃, 막 피어난
순백의 치자꽃까지
우리가 곤한 잠에 들어 날이 밝을 때까지
그대들의 아름다운 모습과 향기를 거두어 주길

밤길 바쁜 귀염둥이 고양이 원투여
이 밤만은 네 활동 영역이 해 뜰 때까지 네 방으로만
제한된다
이는 불가피한 명령으로 넌 거부할 수 없다

창밖의 달도 별도 빛을 감추고
바람도 잔잔하게 강 물결을 밀어내며 지켜본다
나는 파수꾼이 되어 잠들지 못한다

다홍빛 사랑 그대

투명한 햇살 열어진
찬 기운 감도는 계곡 길에서
그대의 얼굴에 곱게 물든 단풍

그대를 대하고도
사랑한단 그 흔한 말 못 해주고
따스한 눈길조차 건네지 못했던 나를
자책하면서 힘껏 불러본다

곱고 복스런 그대여
단 하나뿐인 내 다홍빛 사랑이여
사랑한다
사랑하였노라고

늦었지만 내 고백은
순도 일백의 순수로 빚었으니
외면하지 말기를
그대로 인해 내 마음도 붉게 물든다

나는 그대의 나비

그대의 심쿵한 미소에 반해
그대 곁을 맴도는 나는 그대의 나비랍니다

그대가 따스한 볕에 기대 잠들면
바람 없는 날갯짓으로 어깨에 내려앉아
그대의 온기에 맡겨 쉬렵니다

내 짧은 생은 꽃밭에서 사랑을 좇는
그대의 궤적과 일치합니다
꽃이 지고 단풍 곱게 물들면
붉은색에 빠져 헤어나지 못하는 그대를
두고 조용히 물러나

수양벚나무 빈 가지 아래에서
긴 잠에 드는 나는
천상 그대의 나비랍니다

비가 내리면

비가 내리면

"무얼 하고 계셔요?"

뜻밖에 전화를 걸어주는 사람이 있으면 좋겠다
비가 내리면

"이 비 그치면 꽃이 함박 피겠지요"

속삭여줄 다정한 사람이 있으면 좋겠다
비가 내리면

"거리를 함께 걸어보실래요?"

손을 잡아끌어 주는 사람이 있으면 좋겠다
비가 내리면

창가에 턱을 괴고 빗줄기에 맞춰
흥얼거리는 사람이 곁에 있으면 좋겠다

러브 레터

눈이 내립니다
그곳에도 눈이 오고 있나요
함박눈이 펑펑 내리면
하얀 설원의 눈보라가 장관이겠네요
순록의 말랑말랑한 뿔에도
눈꽃이 맺히겠지요

난 창가에서 내리는 눈을 바라봅니다
지구 어딘가에 있을
우주 어딘가에라도 있을
그대가 그리워서 편지를 씁니다

홀로 서 있는 나무에서
기적처럼 눈꽃이 피어납니다
참 따뜻하네요
그대의 순수한 영혼처럼요

개심사 배롱나무

붉은 꽃그늘 아래
소슬한 바람이 불어와
꽃잎을 간지럽히니
먼 길 오시는 님 어서 오라 손짓하는 듯

기약 없어도
나는 이 자리 떠나지 않을 거예요
꽃잎이 다 진다고 해도
꽃이 피면 작은 연당(蓮塘) 징검다리
건너오신다던 님의 언약을
굳게 믿고 기다리렵니다

내 사랑 그대여
더디어도 천천히 오셔요
조금 늦으신다고
우리 사랑이 어딜 가나요

인사동 거리에서

시대를 달리 살았어도
그대가 거닐었음 직한 길에서
그대와 그대의 벗들을 만날지 모른다는
다소 발랄한 상상을 하고
시간이 멈춘 거리를 걷는다

그런 류의 설렘에 익숙하다 보면
이곳을 찾는다는 것은
그대를 만난다는 기대 말고도
봄을 맞이하는 통과의례로 삼기도 한다
그렇더라도 그대를 향한 내 바람이
줄어든 건 아니다

오히려 해가 갈수록
그대가 선명하게 다가오고
알게 모르게 이미 와 있었을지도
서로 스치고 지나쳤을지도 모른다는
생각이 들 때가 있다

봄바람을 핑계로
오랜 칩거에서 나와 거리의 필방에 이르러
세상 다 받아줄 천진한 표정으로
그대와 그대의 벗들을 기다린다

물 향기 수목원

그대와 둘이서
물 향기 피어나는 숲길을 걸어
화려한 단풍 터널 지나갈 때
그대의 도톰한 양 볼도 붉어지더라

발끝에 바스락 대는 낙엽 소리는
그대의 두근거리는 숨결 같고
소곤대는 그대에게서
어머니의 고운 음성이 들린다

우리가 노래 부르며 걸어가면
잔잔한 연못에 물결이 일고
붉은 메타세쿼이아 길을 걸어가는
그대의 어깨 위로 엷은 가을볕이 내려앉는다

우리의 마음도 붉게 물들어
숲길을 온통 단풍빛으로 수놓은 장엄을
그대는 아는가

화본역

찔레꽃 향기는
다신 오지 않을 그대의 흔적처럼
열어라

하얀 꽃 앞을 지나다가
사랑을 잃어버린 한 사내가
섧도록 울다 가슴 한편에 빈 바람만
들이고 간다

가다가 되돌아보면
기적소리 울리지 않는 시골 간이역
뜨겁게 달구어진 철로 곁에
그 사내처럼 방향을 잃은 이정표가
환한 햇살을 받으며 녹이 슨 채
졸고 있고

저만치에서
찔레꽃 하얗게 미소 지으며
한 사내를 송별하누나

쌍 우물 동네

어릴 적 살던 쌍 우물 동네는
골목 사이로 지붕 낮은 집들과 우물은 남아 있고
언덕 위의 옛집은 공원이 되어 사라졌다

곧게 뻗은 고갯길을 지나
빈 배들 쓸쓸히 묶여 있는 부두의 허름한 식당에서
얼큰한 병어조림에 안주인과 옛얘기 주고받으며
시간여행을 하다가
그녀에게서 바닷가 목재공장에서 풍기던 익숙한
냄새가 났다

거리는 눈발이라도 날릴 듯 흐려 있고
돌아서는 등 뒤로 안주인이 불쾌한 얼굴로 말한다
추억이 그리워 찾는 사람이 더러 있다고

도게츠교에서

그대여
화사한 벚꽃 아래로 오라
여울이 소쇄하게 흐르는 도게츠 다리를
둥근 달과 함께 건너오라

텐류지 꽃동산에서
그대와 흩날리던 꽃잎을 물에 흘려보내며
즐기던 그때도
달빛은 다리를 비추었으리니

바람은 쉼 없이 불어오고
가쓰라 강물은 자갈을 쓸며 흘러간다
아름답던 지난날들이여
뭇별처럼 반짝이며 가지런히 흐르는
우리의 맑은 사랑이여

피에르 로티 언덕*

여기 언덕에 올라
아름답고도 슬픈 사랑을 떠올리지 못한다면
그대는 이 도시를 본 것이 아니다

붉은 차양이 쳐진 찻집에 앉아
겨울비 내리는 보스포루스 해협과
수많은 건물들 사이로 우뚝 선 푸른 모스크들을
바라보며
그대를 떠올린다

사랑은 비처럼 오는가
푸른 바닷물처럼 흘러가는가
갈라타 다리 위로 횡으로 오가는가
사랑의 결말은 애잔하여
그만큼 치명적인 위험을 감수해야만 하는
사랑

그러니
이 언덕에서 함부로 사랑을 말하지 마라
진심이 어린 사랑이 아니라면 통속적인 것에
불과하기 때문이니

*피에르 로티 언덕 : 튀르키예 이스탄불 교외에 있는 언덕. 프랑스 장교 피에르 로티와 튀르키예 여성의 사랑이 깃든 곳.

청사포

달맞이고개에서
봄을 맞으러 청사포로 달려간다

분주하게 물질하는 해녀들
먼 섬에 핀 동백꽃 소식은 아직은 일러
파도에 해조음만 실려 오고
폐철길 가에 매화꽃만이 수줍게 반긴다

파도의 흰 포말이 넘나드는 등대는
홀로 누굴 기다리나
기약 없는 사랑은 처연해도
누구나 등대처럼
위태롭게 사랑을 그리워한다

바다 위로 둥근 달 떠오르면
고개 넘어 동백꽃 사랑 하나 심어놓고
돌아서는 청사포

찔레꽃

찔레꽃
지천으로 피어 있는 들길

하얀 꽃
은은한 향기와 수줍음은
낯익은
여인의 모습

까만 밤
언덕 위 골목길에
하얗게 내려앉은 달빛처럼 곱던
어머니 얼굴

한 가지
꺾어다가
당신 잠드신 곳에
놓아드리고 싶어

찔레꽃
바느질하며 부르시던
구슬픈 노래
나직이 부르시라고

꽃길을 걸어가는 그대

언젠가 그대 나에게
꽃길 걸어가 보는 게 소원이라더니
이제야 그대 꽃길을 걸어가네

때마침 꽃비까지 흠뻑 내리니
저만치 꽃비 맞으며 환하게 걸어가는 그대 모습
하늘에서 내려온 선녀인가

그 꽃길 쉽게 있는 줄 알았더라면
원 없이 걷게 해주었을 텐데
길 아닌 길 찾아 헤매느라
곁에 있어도 가까이 있는 그대의 길을
보질 못하였네

보름달 그대

휘영청 밝은 달 그대
이슬처럼 맑은 영혼이 담겨 있네
소리 없이 스며든 달빛의 연정
광활한 창공에 올라 그대와 마주하였네

얼마간은 부끄럽다가
그대의 눈가에 눈물이 맺히더니
가녀린 긴 손등을 타고서
내 어깨를 적시자
내 심장은 빛의 속도로 뛰기 시작해

가던 길 멈추고 되돌아서서
뜨겁게 보았노라

사랑할 줄 모르는 이의
사랑밖에 모르는 순결을
세상 밖을 모르는 이의
세상 밖에서도 모르는 순정을

독백

걱정에도 불구하고
난 돌아가지 않겠습니다
힘주어 그리 말하는 까닭은
더는 머뭇대지 않겠다는
내 결연한 의지를 보여드리기 위함입니다

구름이 산마루를 넘어
냇가에 어스름이 내릴 때까지 내 마음은
변함없습니다
물살은 힘차게 흐르고
물고기들은 얕은 폭포를 만나서도
포기할 줄 모르고 튀어 오릅니다

티 없이 푸른 창공은
내 꿈을 담아낼 순정의 화선지
허공을 긁적이려다가
허공은 모든 걸 다 담고 있다는 것을 깨닫자
아무것도 그리지 못했습니다

붉은 단풍잎 물에 떠가고
너럭바위를 스치는 청량한 바람
유성들이 사선으로 떨어지고
별들이 소용돌이치는 밤하늘에
이끼 숲의 정령이 뭇별들과 함께 춤을 춥니다

어느 하늘 아래에서 저 별들의 장엄을 지켜보고
있을 그대
가끔씩은 그댈 떠올리겠습니다
여기 소식도 물에 실어 보내드리고요
그래야겠지요

강물 앞에 서다

둘러보면 물결이 무수히 많지

찰랑이는 강 물결이며
치렁치렁한 버들가지 물결
숲속에 들어오는 빛의 물결
내 마음속에 번지는 물결
그대 눈동자가 흔들리는 물결
그대와 나의 간극만큼이나 먼 애증의 물결
팽창하고 있는 우주의 물결

물결은 흘러가면서 물결을 낳고
멀어져가는 그대는 그리움을 낳던가
그리움의 물결이 밀려올 땐 어떻게 할까

강가에 앉아 물결을 바라보면서
그리움이 나를 휘돌아 사라질 때까지
가만히 인내하면서 버티는 거지

물결을 바라보는 마음이나
그리움을 가슴에 품고 사는 거나
사랑은 사랑이니까

제2부

벚꽃이 진 후

그대

빛보다 빠른 속도로

아득한 시공을 질러서

나를 찾아오는 이

벚꽃이 진 후

벚꽃이 지고 나자
세상 화려하고 번잡함을 다 벗었는지
유쾌한 일들은 사라지고
촉수 잘린 개미마냥 이리저리
겉도는 일상

그러게 뭐랬어
언 땅이 풀리기 전에
벚나무 꽃봉오리 맺히기 전에
먼저 다가가서 추위에 바람막이가 되어주고
따스한 숨결을 불어 넣어 줄 걸 그랬어

굵게 패인 나무를 쓰다듬으며
모진 추위 견뎌내느라 수고했다고
사랑한다고
말해줄 걸 그랬어

겨울 강 갯버들

언 강가에
발가벗은 갯버들
빈 가지 사이로 흰 달을 걸어놓고
강바람이 불어도 가만히 있다

그대도
흔들리지 않는 저 갯버들처럼
근심을 조용히 얼려놓고
해빙의 날까지 기다릴 수 있을까

봄바람이 버들개지 틔우면
강물 따라 빈 가슴으로 푸르게 흘러갈 수
있을까

여름 장맛비

잠깐 그쳤다가도
종잡을 수 없이 쏟아지는 장맛비
하늘이 작심한 듯 퍼 부시나 봐

후끈 달아오른 대기를 식히려면
속수무책으로 반전을 주는
장맛비가 제격이지

천둥번개까지 가세하면
눈 뜨고 졸다가 죽비로 얻어맞은 것처럼
정신을 번쩍 들게 하니까

우리가 살면서
한 치 앞도 내다볼 수 없을 때
가슴 후비며 파고들어 단숨에 판세를 뒤집어줄
그런 비가
우리에겐 무엇이 있을까

세한 추위

봄이 와도
꽃 피는 봄이 와도
세한 추위에 눈보라까지 날리네

꽃길을 걸어도
겨우내 얼어붙은 내 마음은 풀리지 않아
꽃은 눈에 하나도 들지 않으니

꽃은 나를 위해
서산 마애불 같은 온화한 미소를 지으며
화기(和氣)를 불어넣건만
마음속의 한기는
정말이지 집요하게 물러서지
않는군

하늘 사랑, 눈

눈이 내립니다
나무는 제 몸 다 벗고서 눈을 맞이하고
눈은 나무를 하얗게 덮어줍니다
눈은 하늘 소식을, 나무는 세상 소식을 서로
주고받습니다

눈은, 가시에 찔린 상처 위에도
상처를 낸 가시 위에도 소복이 쌓입니다
사랑에 서툰 나에게도,
눈물 많은 그대에게도
더도 덜도 없이 공평하신 하늘 사랑이 전해져서
눈꽃으로 피어납니다

세상 모두가 영원한 하늘 사랑으로
하나가 되어 살아갑니다

겨울 곰배령

겨울 산 곰배령에는
야생화들과 초록뱀, 굴러 박힌 돌들이
온통 꽁꽁 얼어붙고
언 땅 위로 다시 흰 눈이 덮는 오지

여기에 들어오면
고개로 가는 길은 사라지고
되돌아갈 길도 잃어버리지만
이상도 하지
그럼에도 멈추지 않고 오르게 하니

겨울 산 곰배령은
사방이 하늘과 통해 꾸밈이 없고
야생화 짐승들의 숨결을 바람 타고 느낄 수 있는
천상의 설원

여기에 들면
누구나 몸에 밴 오욕과 칠정은
털지 않아도 흰 눈 위에 떨어져서
산을 닮고 하늘이 된다

소내에서

언 강에 철새는 끊기고
굽이진 언덕 강가의 남은 잔설 위로
겨울 한기가 지나는 소내에는
노도 없는 빈 나룻배 하나
오도 가도 못하고 갇힌 채 가만히 졸고 있다

쓸쓸함이 묻어나는 산하
강 건너 분원의 백자 굽던 가마 연기 끊어진지 오래
저 강물은 숱한 것들을 흘려보냈지

얼어붙은 강에는
쩡쩡 대며 얼음 어는 소리만이 적막을 깨고
빈 가슴을 파고든다

백운동원림 1

밤사이 내린 비에
불어난 계곡물 따라 숲길을 오르자
원림이 고요에 잠겨있다

정원의 매화는 막 피기 시작하고
담장을 뚫고 들어온 냇물이 연지를 채우고
밖으로 돌아나간다

멀리 차밭 향기 코끝에 전해오는데
유상곡수 즐기던 시인 묵객들 어디로 가고
빈 정원에는 바람만 오간다

비마저 흩뿌리니 발걸음 쓸쓸하나
이 비 그치면 동백꽃 붉게 피고
대밭엔 새순 돋아나리니
원림의 주인은 이들일 것이다

다산초당 가는 길

겨울비 내리는 초당 가는 길
추위 속에서도 푸르름 잃지 않는
야생 찻잎들

운무를 헤치고
산모롱이 돌아가느라
옷은 젖어 으슬으슬한데
앞서가던 이가 보이지 않는다

아무도 없는 외길에
엄습하는 빈 적막

붉게 젖은 동백꽃이
쫓기듯 서두르는 날 보고
고혹적인 자태로 쉬어가라 유혹하는
초당 가는 길

나옹선사 석종*

산언덕 위 석종에
따스하게 내려앉은 봄볕
검푸른 돌이끼가 반짝인다

흰나비 팔랑이며 이는 파문에
석종은 맑은 소리를 내면서
오랜 잠에서 깨어난다

선사는 티 없이 살라며
청산에 든지 천년
청산은 본래 모습 그대로

* 석종 : 종 모양의 부도.

황매산 영암사지

금당 터엔 봄빛이 환하고
석등을 받치는 쌍 사자는 삼매에 들어
적막한 폐사지

황매의 기암은 우뚝하고
천년 세월은 바람처럼 가벼우니
삼세의 경계 사라진 이 자리 확인했으면
빛바랜 사리는 찾지 않아도 된다

산하는 푸르고 다함이 없어
빈터가 전하는 침묵에 순응하다 보면
빈 자의 미소를 띠게 되리라

금당 터 축대에 기대 졸다가
꿈속의 풍경소리에 부시시 깨어난다

돌탑을 돌다가 얻은 네잎클로버 한 잎
반가워 펼친 손바닥이 환해진다

실개천 송사리 떼

송사리 한 마리
실개천에 비친 내 얼굴에 다가와
입맞춤 빼끔하고는
부끄러워 얼른 물속으로 피하고
동그랗게 번지는 파문에
친구 송사리들이 놀라 흩어진다

송사리 떼들이
흰 배를 드러내며 비늘을 반짝이자
붉은 단풍이 내려다보고 웃는다
함박 핀 백일홍, 코스모스가 밝은 햇살을 받으며
노래하자
오가는 사람들의 미소가 그대로
꽃이 되었다

가야산 백련암

암자로 가는 오솔길에
낙엽은 쌓이고 쌓여 길을 지우고
어깨를 톡 치며 떨어지는 잎 하나가
허공만큼 가볍게 팔랑인다

단풍이 짧게 불타올랐다가
남김없이 비운 자리에
새소리 바람 소리 없이 온통 적막!
꿈속을 더듬듯 오르는 산길

돌을 던지면 쨍하고 깨질 듯
티 없이 푸른 하늘 아래 숨은 암자

빗질 된 뜰에 찍힌 내 발자국
불면석(佛面石) 대하기 부끄럽고
선사의 불호령 날까 더욱 두렵다

진도 운림산방*

배산 아래 아늑한 산방
겨울볕 옅게 든 남향의 툇마루는
옛 산방 주인을 만난 듯 따스하다

사계절마다 운치는 달라서
주인은 붓을 놓을 겨를 없이 그림을 그려
방 안 가득 걸어놓고 천하를 주유하듯 감상했었지

소치(小痴)의 명성은 장안에 자자하여
어린 임금의 정은 보다 각별하셨지
산방은 소치 이래 5대가 연이어 화맥을 이었으니
살면서 소치 같은 지인을 얻는다면
엄동설한에 피운 꽃을 얻은 기쁨이겠다

마당의 자목련, 홍매는 지고 쓸쓸해도
해마다 제철 꽃들이 주인의 화신(化身)이 되어
산방을 밝혔으리라

* 운림산방 : 조선 화가 허련(1809~1892)이 살던 곳.
호는 소치. 그 이래 5대가 연이어 화공이었다.

봉은사 홍매화 1

붉은 꽃잎들 사이로
꿀벌도 사람도 꽃향기에 취해 길을 잃는다
새벽 밤엔 별들도 취해 스러졌다던데
도리 없이 그럴 수밖에
해마다 이맘쯤이면 누구나 꽃에 갇혀 눈이 멀고
생각이 닫혀버리는 건
저마다 즐겁게 자초한 일이다

홍매는 영각(影閣)을 떠나지 않고
조사와 법랍을 겨루듯 꽃을 피워왔으니
꽃을 피우는 짧은 영화는
남의 이목을 끌고자 함은 아니다

홍매는 조사의 뜻을 알아차린 걸까
찬바람 누그러질 즈음 꽃을 피워서는
남을 취하게 하고 눈멀게 하니
얼마나 큰 설렘을 주는 자비심인가
꽃은 제때 피는 이유가 있으며
사람도 취하는 까닭이 있는 것이다

위천의 징검다리

밤공기 서늘한 강가
강물이 어도(魚道)를 타고 소리치며 흐른다
튀는 물에 묻어나는 깊은 산의 냉기

모래톱에 모여 쉬는 청둥오리들의
낯가림
교회 십자가 붉은빛이 물결에 출렁이는
위천의 징검다리

산수유 산벚나무 꽃피는
봄의 길목에서
허공에 뜬 보름달을 가슴에 품어도
밤은 쓸쓸하게 깊어가고

징검다리 건너
인적없는 밤길을 홀로 걷다가
내 걸음에 지레 놀라 뒤돌아보길
몇 번이나 했던가

여름 선운사

선운사 가는 길
반석에 녹음을 씻어 흐르는 물결
물 그늘에 송사리 떼 모여 더위를 식힌다

짙은 동백숲 너머 도솔천
그 아래 암벽 마애불에 감춰진 비결
천년이 넘도록 천지개벽 이끌 진인을 기다리다가
세상이 흉흉해질 때마다
비결을 둘러싼 소문만 자자할 뿐
행방은 알 길이 없어

법당 기둥 패인 틈에 낀 거미줄에
비결을 둘러싼 소문들이 걸려 있을까
슬쩍 들여다보기도

선운사에 오면
누구나 보이지 않는 비결 하나쯤은
가슴에 들이고 간다

화담집*을 읽다가

겨울 해가 짧아
햇볕을 곁에 두고 아끼자니
햇살도 내 마음 알았을까
더 밝고 환한 빛을 내어 보답한다

화담집을 읽다가
구름이 짙게 지나가면서
책에 구름 그림자를 씌워 활자를 지운다
햇살이 환하게 돌아오자
다시 살아 꿈틀대는 가지런한 활자들
생명이 나고 스러지는 궤적도
이와 같지 않을까

하늘의 해와 구름이
사이좋게 숨바꼭질하는 한 때
향 한 자루 다 타는 것도 잊고
춤추는 활자 놀이의 삼매경에 빠졌다

* 화담집 : 조선 학자 서경덕(1489~1546)의 문집.

봄물 버들개지

숲속 연못가에
살랑대며 불어오는 바람
꽃잎인가 함박눈인가
버들개지 허공에 엉켜 날리다가
봄물을 하얗게 덮는다

쑥쑥 자란 부들 사이로
춘흥을 못 이겨 다투는 개구리 울음소리에
잔잔한 수면에 파동이 일고
우리 마음에도 동심원이 그려진다

꽃은 붉고 버들은 푸르러
삼라만상은 본모습 그대로 드러나니
꿈결처럼 흘러가다 부풀어 올라
터질듯한 봄, 봄이로다

겨울산의 공적

겨울산에 들면
숲 공기와 나무 그리고 새와 물소리 바람 소리에
밀려오는 적막

나무들은 겨울 오기 전에 잎을 다 떨구고
숨죽여 서 있는 산의 공적(空寂)!
빈 자라야 산을 제대로 본다

일없이 한가하여
흘러가는 구름을 좇으며 소요하는 이는
마음이 맑고 깨끗하나니
그대는 어느 산에서 홀로 자재하는가

겨울 첫눈이 내린 후에
천리향 향기가 유원(悠遠)하게
빈 산에 가득 들었다

봄빛 사랑, 그대

저만치서
미소를 띠며 걸어오는 여인
단아한 자태가 날 심쿵하게 하는 그녀는
마른 대지에 생명을 틔우는 봄
부활의 봄이다

그대는 구름이요 산새요
흘러가는 맑은 시냇물이다
보랏빛 향기로 내 안에 들어와
겨우내 잠든 세포를 톡톡 깨우는
봄빛

가엾은 내 사랑
보고도 못 보는 날 위해 노래를 불러주는
그대는 봄이다

두물머리 봄 풍경

성이 다른 두 강이 해 지는 쪽으로 흐르다가
약속이나 한 듯이 여기서 만나서는
성을 떼고 이름 하나로 남은 길을 떠난다

두 물이 다투지 않고 섞이는 것은
막히면 돌아가고 넘치면 비우는 하늘의 이치를
따랐기 때문

두물머리 큰 나무는 알 것이다
세상의 부침은 강물 한 방울만도 못하다는 것을

강물은 조용히 흐르고
멀리 산사의 종소리가 수면에 파문을 일으키면
물오리 떼 놀라 날갯짓 퍼덕이는

강가에서 물안개 기다리며
봄 꿈에 헤매고 전설에 취한다

제3부

그만하면 네 삶도 괜찮았어

나무는 해가 갈수록
속으로 나이테를 단단히 두르고
사람은 나이 들수록
겉은 무르고 부끄러움만 두텁게 두르지
않던가

산다는 것은

산다는 것은
삶의 무게를 줄이는 일이다

그대의 정결한 영혼과 닮도록
새처럼 가볍게
구름보다 희게
사슴의 뿔보다 말랑말랑하게
세월의 때를 벗기는 일이다

산다는 것은
울타리를 헐고 나라고 할 것도 없는
익숙한 나를 지우는 일이다

산다는 것은
더 지울 것 없는 나를 드러내는
일이다

그만하면 네 삶도 괜찮았어

때로는 잘 해낸 행동들이
하지 않은 편이 더 나았을 때가 있지
인생은 상실의 연속이라 하지만
그렇더라도 반드시 손해만은 아냐

얻고 잃는 데에 매달리지 말고
상황을 그대로 받아들이면
성패를 떠나서
그에 합당한 대가가 주어진다는 것을
명심해
관점의 높낮이가 다를 뿐이지
의미 없는 일이란 없어

지나온 길을 되돌아보면
어려운 날들도 많았지
그 힘든 시간들을 용케도 헤치고 나온
상처투성이의 널 꼭 안아줘라

"괜찮아"

"수고했어"

눈시울 붉히면서 그 말을
꼭 해줘라

계수나무

불쑥 네 생각이 나서
깊은 밤하늘에 널 보러 달려갔어

너의 둥글고 연한 잎을 보다가
어릴 적 내 아픈 배를 쓰다듬어주시던
어머니의 고운 손이 떠올라
한 가지 꺾어다가
화병에 넣어 서편 창가에 놓아두었어

한밤중에 달빛 환하게 든 거실로
네 그림자 은은한 가운데

토끼 한 마리 하얀 쪽배를 타고
은하수를 건너 깡총대며 다가와선,
네 곁에 서서
귀를 쫑긋 세우더니

"안녕, 오랜만이야."

인사를 하데

풀꽃 향기가 나는 사람이 좋다

바람에 흔들리는 풀
햇살에 흔들리는 꽃
흔들림을 받아들이는 자세랄까
저마다 흔들리는 모습이 타고난 성정에 따라
다르다

나도 흔들린다
수많은 관계 속에서
수많은 불면의 밤에서
밤하늘을 수놓는 뭇별들에게서
특히 거리의 여인에게서
주체하지 못하고 흔들리는데
그때의 흔들림도 저 풀꽃처럼 순응하는 자세를
보였을까

흔들리니까 살아 있는 생명이다
흔들리니까 풀꽃 같은 향기가 나는 사람이다

나무야, 너도 외롭냐 나도 외롭다

겨울비 내리는 아침
풀린 강물이 밤사이 다시 얼어붙은 강변에서
하늘은 먹구름으로 굳게 닫히고
시야마저 트이지 않아
가야 할 길에서 때로 비틀거린다

비에 젖은 나무들은 알 것이다
대한(大寒) 추위가 지났어도
땅 기운 데우는 봄바람은 이르다는 것을

그렇지만 한 번쯤 뜨겁게 사랑해 본 이라면
봄이 오기 전이라도
특히 오늘처럼 비가 내리는 날이면
마음의 맨 밑바닥에서 끓어오르는 미세한 울림을
감지할 것이다
첫사랑이 다가올 때의 설렘이랄까

나무에게 다가가서
비에 젖은 거칠고 두터운 표피를 어루만져준다
풍설을 견디면서 봄을 기다리는 노고를
격려하려는 것이니
그래야만 나무도 위로받고 나도 위로받을 것
같아서이다

나무야 홀로 선 나무야
우리는 꽝꽝 언 추위와 찬 겨울비에
맨살 그대로 노출되어 발도 시리고 가슴도 시린
존재이지만
우리 서로의 외로움에 기대어
한 생(生)의 봄을 기다리는 강하고 질긴 생명들이
아니겠느냐

우리 곁의 천사

누군가 노을을 바라보며

“노을이 참 아름답네요?”

혼잣말처럼 중얼거린다면
그는 마음이 순수하고 따뜻한 사람임에
틀림없다

어쩌면
신이 보내준 천사일지도

시란 무엇일까

시가 내게로 온 것인지
내가 시에게로 간 것인지 알 수가 없다
그보다도
시가 무엇인지 더욱 알지 못하지만
목마른 내 영혼을 채워주는 무언가는 있다

낯선 도시의 새벽 공기, 산사의 풍경소리,
어둠 내리는 거리, 경계투성이의 고양이 눈망울,
봄빛 전하는 수선화, 차가운 빗방울…

그 외에도 특별할 것 없는 것들이
도처에서 빛처럼 번득이며 나의 무딘 감성을 깨워
주었으니
나는 다만 진심인 그들의 속삭이는 언어에
귀 기울이고 전했을 뿐이다
그것을 시라고 부를 수 있을까

파도의 삶

먼바다에서 쉼 없이 밀려와
흰 거품을 뿌리고 스러지는 파도

나고 스러지는 흰 거품은
파도의 상처요 아픔이며 꽃이다

누군가에게는 영광이 되고
누군가에게는 아픔인 상처

수많은 파도의 상처에서
사람들은 자신을 본다

영원히 마르지 않는 바다
유한의 삶에 그치는 파도

파도의 삶을 살 것인가
바다의 삶을 따를 것인가

파도를 보내는 바다는 말이 없지만
삶의 주인은 그대이다

고요가 말을 걸어온다

저 고요에 귀 기울여 봐
어떤 소리가 들려오지 않던가
잠결이나 바람결 혹은 나비의 날갯짓에서 묻어오는
것같은 은근한 속삭임 말야
세상 너머에서 꾸준히 전하는 부드럽고 단호한
음성이랄까

저 고요에 귀 기울여 봐
떨기나무에 불의 형상으로 모세에게 처음으로
나타나신 신처럼
고요 속에서 말로 표현할 수 없이 편안한 음성으로
환하게 끌어당기는
빛 아닌 빛이 뿌리칠 수 없이 밀려왔어

우리는 매 순간 빅뱅을 한다

한순간에 시선이 꽂히고
한 찰나에 마음을 빼앗기는 대상이 있다

보이지 않는 없음[無]에서 보여지는 있음[有]으로의
탄생인 빅뱅은
고요가 오감육근과 지수화풍에 작용하여 빚어낸
상(像),
천지 만물의 창조이다

시간과 공간이 없는,
있는 그대로의 그것인 고요는
우주의 시원, 영원불멸하는 본래 모습
이름을 붙일 수 없는 그 무엇

누군가는 신의 이름을 빌려서
누군가는 홀로 또는 관계를 통해
우리는 매 순간 빅뱅을 한다
좋건 싫건 그 창조물은 자신의 것인 동시에
그 무엇의 것

눈 깜빡하는 사이에
생겼다가 사라지는 것들, 그 연속
세상은 끝없이 생멸을 반복한다
빅뱅은 창조이자 파괴
생긴 것은 사라지게 마련이니까
우주는 끝없이 확장하더라도 언젠가는 소멸한다
수천억 년 후가 될지라도

해 저문 강가에서 그가 걸어 온다*

해 저문 강가에서 그가 걸어온다
바람 불면 휘청일 듯한 길고 홀쭉한 몸에
눈빛 형형한 그가 의관을 정제하고
속기 쏙 빠진 그림자 길게 늘이며
저벅저벅 걸어온다

신분 차별 심했던 시대를 살며
두어 칸 단출한 집에서
논어책으로 병풍 둘러 추위를 견디고
맹자 책 팔아 밥을 지어 주린 배를 채우면서도
가난을 편하게 여기며
이욕과 잡기를 멀리하고 책만 보는 바보[간서치]라고
스스로 대견해하며
가슴엔 호연한 기개가 큰 산을 이루었던 사내
멀리 청국의 문사들까지 앞다퉈 그의 글을 받으려
했었지
어진 왕이 그를 아껴 곁에 두고 총애하니
백탑의 벗들은 자기 일처럼 기뻐하였다

그가 이른 나이에 세상을 떠난 후
이 강에서 해는 몇 번이나 뜨고 졌던가
해마다 억새는 곧게 자라고 달 뜨면 물결은 은빛으로
부서졌었지
강둑의 풀도 여전히 자라고
갈수록 그의 글에선 고아한 향기가 난다

내게 길이 안 보일 때
그의 글로 위안을 받았으며
그는 뜻이 맞는 지기가 되어
말없이 다가와 다독여주었다

강은 화려한 빌딩 숲에 둘러싸이고
신분 차별이 그때보다 더 심해진 요즘
그대 같은 올곧은 선비가 그립다

해 저문 강가에서
그가 노을을 등지고 걸어온다
걸어오는 그를 보면 눈물이 난다

* 이덕무(1741~1793) : 조선 후기의 문인, 실학자.

민둥산 억새

산다는 것은 견디는 일
견딘다는 것조차 모르게 살아내는 일이다

즐거움도 누르고 슬픔도 감내하면서
희생도 죽음조차도 피하지 않는 일이다

의식도 언어도 내려놓고
발가벗은 채로 봄 여름 가을 겨울을
온 듯 아니 온 듯 맞이하는 일이다

물 위를 걷는 소금쟁이처럼
몸과 영혼을 비워 허공이 되는 일이다

아무런 의심 없이
의심 없음조차도 없이 빈 마음으로
다람쥐 노루 구절초의 길을 쫓아가는
일이다

오고 감에 자재하여
오고 감이 없이 사는 일이다

반계리 은행나무

오래된 은행나무는
새벽 천둥 비바람에 노랑 옷 훌훌 벗고
하늘로 뻗어나간 천 갈래 가지를 드러내었다

다가서서 세월에 뒤틀린 나무를 만지면
그 안에서 영겁의 시간이 흐른다

다 털어내어
홀로 서 있어도 당당한 나무는
비우지 못하고 사는 우리를 위해 위로하듯 속삭인다

"너무 애쓰지 마라"

산다는 것은
저 나무처럼 묵묵히 비바람 받아들이고 견뎌내는
일이다

콘야를 지나면서

가도 가도 끝없는
아나톨리아의 거칠고 건조한 황무지
생명들은 봄을 기다리고
콘야를 지나면서 나는 그대를 생각한다*

제국의 길에서
상처는 빛이 들어오는 통로
생소한 언어로 된 그대의 글은 길을 잃은 영혼들에게
빛이 되어 치유와 위로를 준다

대지는 신이 우리에게 잠시 내어준 터전
신의 허여가 없으면 머물 수 없으니
우리는 신의 사랑에 얼마나 감사해야 하는가
떠날 땐 흔적 없이 비워놓아야 한다

아침 동트기 전 안개 낀 대기
그대의 숨결을 느끼고자 눈을 감고
그대가 이 도시와 사람들을 긍휼히 여겼듯이
그대와 이 도시가 우리에게 베푸는 환대에 감사의
예를 올린다

신의 가호가 있기를
신의 뜻대로 되기를

*잘랄루딘 루미(1207~1273) : 13세기 페르시아 시인. 튀르키예 콘야에서 살았다.

화림동 농월정 1

바람에 꽃비가 흩날리고
물결은 꽃비를 실어 흐르는데

구름다리 건너 월연의 누각을 오르는
누군가의 발자국 소리
바람에 서걱이며 구르는 낙엽처럼
떠나는 자의
햇볕같이 환한 웃음소리

가고 머무름
수없이 반복하는 세상에서
까닭 없이 잊힌다는 것은 서러운 일

걱정하지 마라
왔다가 가는 길이 아니요
나타났다가 사라지는 길이 아니다

한 세대가 가고 또 한 세대가 와도
산은 늘 푸르고
물은 쉬지 않고 흘러간다

화림동 농월정 2

슬프다
사람의 삶이 이토록 아둔할 줄이야
외물에 얽혀 서로 다투는구나
산에 사는 자라야
산의 얘기를 기꺼이 나눌 수 있는 것

세상일에 부침이 있듯이
사람의 마음은 아침저녁으로 다르나
산빛만 고금 그대로 한결같아서
의지할 곳은 오직 산수뿐

한가롭게 사는 즐거움을
도인은 즐겨하고 속인은 비웃는다

겨울, 고려산 낙조

진달래 숲 능선을 굽어보며
바람과 함께 맞이하는 서해의 낙조

불의에 타협 않고
여기 산기슭에서 초당을 짓고 은둔했던
석주*의 짧고 치열했던 삶도
저 타오르는 붉은 해와 같이 장엄했으리라

낙조가 아름다운 것은
짧은 순간에 하루의 생을 남김없이 태우고
사라지는 데 있으니

매 순간을 진실되게 살아가는 이들에게는
낙조를 대하는 하루의 무게만으로도
삶은 결코 가볍지가 않다

＊석주 : 조선 중기의 문인 권필(1569~1612)의 호.

현존하는 길

옳고 그름을 다투면서
저 광대무변한 우주와 대척을 지는 건
얼마나 무모한가
나라는 존재, 나의 업적과 평판은
우주에서 볼 때
티끌보다도 못해 나열하기가 부끄럽다
너와 나로 갈라 서 있는 한
그곳엔 내가 현존해 있지 않다

우주와 하나가 되려면
순례자가 되어 길을 떠나야 한다
오염되지 않은 우주에서
오염된 적 없는 본래의 나를 찾을 것
그것이 신과의 합치,
내가 현존하는 길

붉은 과꽃

밤은 찾아오고
해와 달은 여느 때처럼 뜨고 지겠지
꽃도 피고 지며
계절은 바뀔 테고
아이들은 거리에서 웃으며 뛰어놀 거야
강물도 변함없이 흐르겠지

우리가 주고받았던
아름답고 비장했던 말들
현란하고 어색한 몸짓들과
환한 웃음과 선한 눈망울도
세상은 찾지도 기억도 못 할지도 몰라
정말 새가 날아간 허공처럼 아무 흔적도
남지 않을 거야

우린 삶이 아침 이슬과 같다 말하고
하늘을 두려워하면서도
익숙했던 것들과 결별할 줄을 모르지

산다는 것은 까닭 없이 좋은 일

바람에 갈대가 서걱이자
푸석한 내음에 따스함이 묻어난다
버들개지는 먼 비행을 준비하고
모래톱 사이로 갈래 진 냇물의 힘찬 물살
흐르는 물에 희망이라고 쓴다
산다는 것은 까닭 없이 좋은 일이다

찬란한 봄날이여
산 넘고 물 건너 쉬지 말고 흘러
희미해진 기억들이 새록새록 나고
아픈 이들의 상처가 둥글게 아물 때까지
대지를 흠뻑 적셔라
산다는 것은 까닭 없이 좋은 일이다

걷는 즐거움

길을 걷는다
고요가 깨지 않도록 무욕(無慾)으로 걷는다
나무와 구름을 벗 삼고 흙 내음 마시면
다북쑥 냉이 달래 잎들이 움트고
복사나무 살구나무들이 가지 끝에서 차례를
기다린다

대지는 순환을 통해
우리에게 조화롭게 살라고 가르친다
그 길을 잃지 않으려고 거칠고 익숙한 것들과
결별하면서
바람이 이끄는 대로 걷는다

고요로 가득 차 있는 대지
바람이 스쳐 지나면서 말한다

"지금 이 순간에 실재해 있으세요."

제4부

속삭이는 섬

나를 잊고

온종일 풀밭에서 시간 가는 줄 모르고

꽃과 나비를 쫓노라니

노닐던 자취가 저절로 길이 되었다

고다이지

적막 속을 번지는
고다이지의 은은한 저녁 종소리
전각 너머로 지려는 해
방장실 정원에 머물러 있는 봄빛은
무심의 공(空)!

수양벚꽃 늘어진 정원
툇마루에 가부좌하고 앉아
생각과 말을 쉬고 침묵할 뿐
해오라기도 가만히 연못 속을 응시한다

종소리 멈추고 절 문이 닫히자
해가 지는 방향으로 걸어
불 밝힌 기온의 밤거리를 늦도록
배회하였다

오동도

가슴속이 허전하거나
잠을 못 이루고 뒤척일 때면
불쑥 동백숲을 찾아 해돋이 언덕에 앉아
검은 바다 위로 떠 있는 별들을
바라보라

새벽이 가까워져서
밤하늘은 수만 개의 별들로 총총하고
동백꽃이 바다를 붉게 물들이면
그대 안에 잠자던 세포도 깨어난다

붉은 해가 떠오르고
먼 바다로 나간 배가 돌아올 즈음
이슬에 젖은 어깨를 털고 일어나
꽃들에게 입맞춤을 하고는
섬을 훌훌 떠나라

청령사 오백 나한상

긴 세월 곰삭은 어깨선
차고 거친 돌에는 신령한 기운이 서려 있나
어쩜 한결같이 푸근하고 질박하실까
천연덕스럽거니와 초탈한 표정들 앞에서
돌보다 무거운 나는 무너진다

"깨달음의 길은 멀리 있지 않아.
모든 것은 한 찰나이니 어디에서 기쁨과 슬픔이
일어나리오."

돌이 된 그들은 말한다
길은 해가 뜨고 지는 궤적을 벗어나지 않으므로
일상에서 찾으라는 당부도 한다

돌부처들을 대하면
깨달음은 결코 어렵거나 혁명적이지 않다

합천시외버스터미널

대합실에 들어서자
난방기 곁에 모여 앉은 촌로들
얼굴마다 세월의 나이테 깊게 패었고
금세 낯을 텄는지 예사말을 주고받는
억센 경상도 사투리에는 온 정이 묻어있다

하나둘씩 자리를 뜨자
더욱 크게 들리는 온풍기 소리
여남은 이들이 소 눈빛 하고 꾸벅꾸벅 졸며
버스를 기다리는 대합실
긴 동지 밤처럼 시간은 더디게 가고
나도 곁불 쬐다 졸음이 와서 스르르 눈이
감긴다

세한도

절해고도 제주에서
세한(歲寒)의 시기를 겪던 그가
마른 붓에 먹물을 묻히고는
갈필로 거칠게 초옥과 송백을 그려낸 다음
붓을 던지면서
그가,
다름 아닌 추사가 말한다

"우선, 이것을 보게[藕船是賞]"

그렇듯 세한도에는
송백처럼 꼿꼿한 그의 목소리가 담겨있어
한겨울이 지나면 봄이 오듯이
누구라도 그 앞에 서면 언 몸이 데워진다

그러니
세한의 세월을 살아가는 내 가슴에다
그가 남은 붓을 마저 들어 덧칠한다면
저 측백의 비틀린 가지 끝에서 새잎이 돋듯이
내 마른 혈맥에 다시 뜨겁게 피가 흐르고
가슴엔 문향이 훈훈하게 피어나지
않겠는가

옥천암 백불

일상이 먹먹해지거나
무언가 잃어버린 듯 허허롭거든
모래내 어귀쯤에서
물살을 거슬러 오르는 잉어 떼를 따라
불천(佛川) 가의 백불에게 가보라
가서 맑은 물에 비쳐 옷매무새를 가다듬고
하얀 분을 바르고 붉은 입술을 한
백불 곁에 앉아
아무것도 바라지 말고 단정히 침묵하라
그대의 무겁고 고된 어깨 위로
밤하늘에 뭇별들이 쏟아지듯이
하얗게 호분(胡粉)이 내려앉을 때까지
가만히 마음을 맑히고 오라

겸재* 금강전도 앞에서

금강전도 앞에서 겸재를 찾는다
그는 일만 이천 봉 빼곡한 골짜기 어딘가에
그를 숨겨뒀을 것이다

숨어 있는 겸재에게
일필로 긋는 묵 농도의 신출귀몰한 변화라든가
붓질의 시작과 끝의 여여한 경지를 물을
것이다

금강전도 앞에서
겸재를 찾으려고 숨바꼭질할수록
진경산수의 신묘한 조화에 빠져
내 심장의 고동은 빨라지고
금강 일만 이천 봉이 일어나 춤을 춘다

*겸재 : 정선(1676~1759)의 호.
조선 후기의 화가, 문신.

자하문 밖 부암동

성곽길을 내려와
자하문 밖으로 나서자
저녁 어스름이 내 그림자 따라서
내려온다

해가 짧아져
일찍 찾아오는 저녁에 산색이 짙어지면
울고 싶다던 옛 시인이 떠오르고*

두런대는 말소리와
세검정의 물소리는 뚜렷해지는데
빵 굽는 냄새 구수하게 번지는 거리에서
허기진 배를 누구와 달랠까

가로등 불빛에 어리는
희미한 그대 모습

* 이언진(1740~1766) : 조선 후기 역관, 시인.

신리성지

엄혹한 세상에서
하늘보다 더 높은 하늘이 있는 줄
그때에는 누가 상상이나 했을까

몸 하나 숨길 데 없고 소리도 가둘 데 없는
산언덕 없이 사방이 트인 너른 벌
오직 신심 하나만으로
풀꽃처럼 낮추며 여무지게 살아온 세월

삶과 죽음 선택의 기로에서
배교의 유혹에 흔들리지 않고
서슬 퍼런 형장에서 선혈로 스러져간 그들의
금강보다 단단한 믿음은 꺾지 못했네

그때처럼 불어오는 바람
그 바람에 실려 오는 그분의 음성

"너도 이 잔을 받겠느냐?"

새별오름

오름의 바람은 부드럽고
오름의 햇살은 한없이 투명하다
오름은 너와 나를 놓아버리려고 오르는 곳
여전히 펄펄 끓어오르는 붉은 용암을
찾아가는 곳이다

사랑이 식어
현무암처럼 숭숭 뚫린 가슴이
다시 뜨겁게 끓어오를 때까지
오름의 억새 숲에 사는 선한 눈빛의 노루와
눈을 맞추며 오르는 오름의 길

바람과 햇살의 투명한 결처럼
숨김없이 드러내어
오름을 덮은 황금빛 억새꽃에 가만히 제 몸을
털어내고
마른 바람에 마음을 씻어내어
오름의 길이 되는 것이다

적산 가옥

율목동 적산 가옥은
실외에 긴 복도가 둘리 있었고
신발을 벗고 걸으면 마룻바닥이 삐걱거렸지

지금도 그대로 남아
왜색풍의 정원엔 관상수와 석물이 정갈하고
돌확에 고인 물에는 옛 친구들 모습이
어른거려

빈 정원을 서성이면
앞바다에서 불어오는 갯바람에 눅눅해진
학창 시절의 추억들이 조수처럼
밀려오더군

구례 사성암

암자에 오르면
큰 산 아래 은모래 강물이 흐르고
강바람 산바람이 환하게 만나
너른 벌판을 지키는 그리운 산하

살다가 길이 보이지 않을 때
흔쾌히 길을 내어줄 든든한 휴심처
눌러앉아 남은 생을 의탁해도 좋을 암자

엉킨 속을 목탁 소리로 풀어 맑히고
벼랑에 걸터앉아 푸른 영봉들과 은모래 강물에
알을 낳는 은어 떼를 보듬다 보면

문득 길이 끊어지고
섬광처럼 번쩍이며 깨달음이 와서
오도(悟道)에 이르면
여기 조사 반열 중에서 한 자리 차지할지도
몰라

양구 두타연

산 너머 내금강에서 흘러온 물
여기 소(沼)에서 열목어의 열을 식히고는
다시 흘러간다

자줏빛 제비꽃이 지천인 계곡
끊어진 길에서 서성이다가 산새에게 묻는다
복사꽃 피던 마을과 포연 자욱하던 무명고지의
비목은 어디 있더냐

산에 갇힌 우리 앞에서
산새도 산양도 산을 넘지 못하고
되돌아온 메아리 그치자 골짜기는 다시 적막에
갇힌다

철조망 걷히고 길이 터져
금강산으로 내달릴 그날은 언제 올까

백운동원림 2

동백 짙푸른 숲은
그늘보다 더 깊고 그윽하여
일부러 길을 버리고
붉은 꽃잎을 쫓아 숲속을 배회한다

잎새 틈에 숨어 피는 동백꽃은
바람이 불지 않는데 툭툭 떨어지더니
길 위에서 다시 핀다

숲이 다하고 푸른 차밭을 지나
무너진 절터의 석탑에 이르러
오던 길 되돌아보면
옥색 봉우리 겹으로 두른 원림은
머물기 좋은 곳

맑은 바람 가슴에 들이느라
잠시 그대를 잊었다

금오도

작은 섬과 섬 사이를 지나
에메랄드빛 바다에 늘 푸른 섬이 있었네

동백숲에 둘러싸여
험준한 단애를 끼고 난 숲길에는
붉은 꽃들이 다투어 피어 있고
바다에는 늘씬한 상괭이들이 꽃잎을 물고
놀고 있는 섬

바람은 불지 않아도
선남선녀들 고운 사랑 나누라고
동백은 제 잎을 떨구어 꽃길을 만들고
해와 별들이 그 길을 비추며
속삭이는 섬

내 안의 바다에도
동백꽃이 꿈꾸듯 피고 지는 섬 하나 들이고
나는 떠나네

청산도

너른 바다에 지친 몸
풍덩 담가 쪽빛 물들이고
판소리 한가락 구성지게 부르며
청보리밭 사이 황톳길을 맨발로 걸어 오르면
당리 언덕 너머로
누이의 머릿결 같은 청보리가
부드럽게 물결친다

얼마나 기다렸던가
아지랑이 피는 청보리밭에서
두 팔 벌려 바람 목욕하면서
잊고 싶은 기억들은 섬 밖으로 밀어내고
구름 그림자 밟으며 길을 걸으면
돌담 갈림길에서 노란 수선화가 반기고
청산은 말없이 우릴 품어준다

두륜산 대흥사

산문을 들어서자
시냇물은 찻물이 들어 푸르고
길가의 부도밭엔 정적이 고여 있다
그 밭 한가운데 초의탑*
스님은 여전히 차를 즐기시는지
탑에선 차향이 난다

매화꽃 홀로 피고
풍경소리 없는 한적한 산사에
홀연히 적멸로 이끄는 세월 묵은 차향

절 뒤편 깊은 산속 어딘가에서
차 끓이던 선사의 한 칸 모옥을
안개 속 헤집듯이 더듬는다

*초의탑 : 조선 후기 승려 초의선사(1786~1866)의 부도.

병산서원

기왓골 타고 불어오는 강바람
섬돌에는 환한 햇살이 내려앉았다

만대루 난간에 기대어
기둥 사이에 푸른 절벽과 강을 걸어 놓고 바라보면
흰 백사장 따라 학처럼 고고한 선비가 도포 자락
날리며 걸어올 것만 같다

빈 마당을 서성이다가
산새들 지저귀는 소리는 유생들이 글 읽는 낭랑한
소리처럼 들린다

예나 지금이나 변함없이
푸른 산은 그 자리에 우뚝 서 있고
강물은 유유히 흘러간다

봉정사

추녀 끝의 풍경이 울리면
산사는 오랜 잠에서 깨어난다

세상을 잊고
자신마저 잊어버리고
여기에 불목하니로 눌러앉아
나무하고 밥 짓고 고요에 기대 졸다가

석등에 눌어붙은 오랜 이끼를 깨워
길 없는 길을 물어도 보고
밤이면 둥근 달을 벗 삼아
바람 지나는 소리 뭇별들의 속삭이는 소리
듣다 보면

나고 스러지는 것은 한 찰나의 일이요
새털보다 가볍다는 것을
애쓰지 않아도
저절로 안다

예단포

갯벌에 찍힌 새 발자국
바위를 타고 하늘로 이어진다

고요가 빛보다 하얀 갯벌
새는 뻘 묻은 발을 털어내지 않고 고단하게 날았을
것이다

낯선 인기척에 놀란
짱뚱어는 볼록 눈을 굴리며 경계하고
잽싸게 제 집에 숨는 게들

강 같은 뱃길에 그물 드리우고
한가로이 잠든 작은 배

갯벌에 귀 기울이면
조곤조곤 물 들어오는 소리가
바다의 언어로 들린다

삼라만상 다 그렇듯이
갯벌에 사는 유무 정물들의 삶 역시
햇살 품은 고요의 움직임

홍콩의 밤

거리 끝에는 바다
뻘 냄새 풍기며 출렁이는 물결
시커먼 연기를 뱉으며 오가는 배들
비 내리는 까만 밤바다에
별도 달도 빌딩의 불빛도 지우는 뿌연 운무
그 지운 자리에
되살아나는 희미한 추억의 편린들

어둑한 골목으로 소리 없이 사라지는
이국의 사람들
식당도 카페도 일찍 문 닫은
낯선 거리에서 어디로 가야 하나

비를 뚫고 들어온 별빛이 반짝이며
사랑을 부추기는 홍콩의 밤거리
얼기설기 맺은 반얀트리처럼 뿌리 깊은 사랑
익숙한 기다림의 긴 방황을 끝내는 사랑

피부에 닿는 맑은 빗방울이
낮의 달콤한 망고 맛 여운을 이어가 녹아들 때를
기다리는 거리
어딜 가더라도 그럴 것이다
우리가 떠난 후에도 그럴 것이다

새재

새재는 높고도 험해
골짜기 사이로 오르는 옛길

가을 산은 막 단풍이 들려 하고
조곡관 문루 기와에 돋은 풀꽃 하나
수문장처럼 지키고 서서
산새들 오가도 울지를 않네

층층 서어나무 그림자 밟으며
산길은 갈수록 좁아지고
서늘한 바람에 숲 그늘 짙다

새재여
가버린 세월은 어느 골짜기에 묻혀버렸나
옛사람들 넘나들던 곳엔 잔설처럼
전설만이 남아
쓸쓸한 심사를 누구와 함께할까

폐사지에서

화려했던 전각들 사라진
빈터에 덩그라니 남은 비문에는
햇살과 비바람이 새겨넣은 글씨들로 빼곡하다

삶은 아침 이슬 같아서
보랏빛 라벤더 향기는 잠깐이고
크고 좋은 집은 영원히 소유하지 못한다
마음을 비워야 본래의 자리가 드러난다고
비문은 말한다

폐사지에 가거든
지난날의 영화를 찾지 말고
욕망이 걷힌 자리에서
변함없이 빛나는 빛을 보라

비를 받치고 있는 돌거북이 물끄러미 나를
바라본다
그 옆에서 들꽃이 미소를 짓는다

덕유평전

하늘에 닿을 듯 높은
능선을 따라 실처럼 이어진 외길은
피안에 이르는 길

키 낮은 관목들 틈에서
범꼬리 원추리 물양지들이 숨죽여 꽃을 피우고
죽어서 천년을 사는 구상나무가
길잡이 되어주는 천상의 화원

평전 길을 걸어가면
바람은 하늘의 숨결을 토해내고
빈 하늘 어딘가에서 풀꽃들을 누이는
소리 없는 울림이
비우지 못한 가슴을 철렁이게 한다

남덕유산 영각사

가을볕 환한 산길에
지천으로 피어 있는 들국화
노랑나비는 꽃 사이로 나풀나풀
낯선 발걸음에 놀라 튀면서 달아나는
산 메뚜기들

큰 산이 품은 절
스님은 포행을 나가고 없어
하늘 구름 담긴 석조의 물을 마시고
응향각 툇마루에 기대앉으면
불어오는 산바람에 울리는 풍경소리
그윽하니

오고 감이 없이
소소영영하게 드러나는 이 자리

살곶이다리

다리 건너 떠나간 사람들
눈물 흘리며 배웅하던 사람들
다시 돌아오지 못하고 영원한 이별이 된 사람들이
얼마나 많았을까

사람의 한평생은 이별의 연속
한번 만나는 인연은 쉽지 않은데
아름답던 시절은 꽃 피고 지는 만큼의
짧은 순간에 그치고
회한과 그리움만 쌓이더라

다리 위로 봄볕이 환하고
살찐 잉어 떼 물결을 거슬러 오른다

미호의 봄물

미호(渼湖)의 봄물
바람이 불자 물결이 인다
복사꽃 핀 강가에서 봄빛을 쫓는 물오리 한 쌍
강 건너 모래밭엔 연둣빛 버들 숲
봄바람은 버들을 춤추게 한다

복사꽃 피는 강가에서 노느라
세간의 일 잊었으니
꽃이 피고 지는 것은 한순간의 일이나
봄날의 감흥은 오고 감에 있지 않다

푸르고 높은 산에 구름이 피어나고
새는 한가롭게 날아가는
미호의 정취를 제대로 즐기는 이
나 말고 누가 있을까

서산 부석사

누대에 오르면
멀리 바다 위로 지는 석양
왕벚꽃 지고도 찬 기운은 남아
낡은 툇마루에서 풍경소리 들으면서
낙조를 바라본다

지대방 문틈으로 새어 나온 불빛에서
무명(無明)을 깨트린 선사*의 사자후가 그리운
산사

샘을 끌어다 채운 못에는
물 떨어지는 소리에 고요가 묻힌다
저녁 어스름에 적막은 깊어가고
선사의 일갈이 죽비로 내려치는 듯 정신이 번쩍
든다

* 경허 선사(1849~1912) : 구한말의 승려. 제자인 만공스님과 서산 부석사에 머문 적이 있다.

남한산성

가을 깊어가는 산성
성벽을 굽이돌면 만산홍엽
상기된 새색시의 볼 같은 단풍이
사랑의 화로처럼 타오른다
타올라 분출하지 않으면 저 끓어 넘치는 기운을
어떻게 다스릴 것인가

가라앉은 대기가
살아온 세월만큼 묵직하여
눈을 밝히던 가을과의 이별도 멀지 않았다
상실의 시간을 홀로 견뎌야 하듯이

사랑도
그리움도
임계점에 다다르면 떠나보내야 하고
아픔까지 보듬어
조용히 침잠해야 할 때라는 것은
때론 얼마나 위안을 주던가

와운마을

이 산 저 산 헤집고 다니며
단풍에 취해 웃다가 우는 나를 보고
어리석은 산 노인이라 놀려도 좋다

물소리 끊기고 길을 잃어
흰 구름 쉬어가는 산마루를 놓치자
구름이 머물던 자리엔 빈 허공뿐
그 아래 있을 천년송을 찾아 눈을 감고 오른다

무너진 돌무더기에
이끼 짙게 끼어 서늘한 적막이 감돌아도
계곡을 비켜 드러난 하늘길에
산마을 지키는 천년송이
내 마음 알아주면 족하다

새벽 백무동에서

산 고요에 적응하니
서서히 드러나는 산봉우리
밤공기 서늘하고 바람은 잠잠하여
새소리 물소리도 숨죽이는
온통 적막!

새벽하늘에 반짝이는 뭇별들
도란도란 무슨 말을 주고받을까
저 쏟아질 듯 수많은 별들과 함께 하는 것
내 바라던 일이었네

여기서 꽃처럼 쓰러진 이들의*
촉촉한 눈망울도 저 별들을 닮았겠지
당골네와의 처연한 사랑도 분명 있었을 거야

산에 들면 외로움 벗어나기 어려워도
나를 찾기 위해
더 깊은 계곡으로 들어간다네

* 빨치산. 한국전쟁 전후로 좌익과 인민군 패잔병들이 지리산에서 활동.

선정비 거리

금천가의 선정비들
판에 박힌 글로 새긴 '○○○ 현감 영세불망비'
심판을 받는 죄인처럼 두 줄로 늘어선 오래된 비석들이
헛기침을 하며 서로 한가한 소리를 한다

"가고 옴이 한결같이 세월 참 빠르구나."

감흥을 주거나
찌푸리게 하거나 결국은 애잔한
풀꽃 같은 민초들의 신음도 새어 나와
그들의 가식된 말이 공허하도록 흩어놓는다

넉넉한 산하
세월이 흘러도 변함없는 인심
굳은살이 박이고 마늘 생강 냄새가 밴
한 고장의 억세고 투박했던 삶
참된 선정은 저 비석들이 없이도 그런 삶 속에서
잘 이어져 왔지 않은가

제5부

그리운 별 하나

여름 소낙비 내린 후
남쪽 하늘 가득 무지개가 뜨고
서녘 하늘에 노을빛 붉게 물들이자
강물에 비친 내 안으로
무지개와 노을이 들어온다

제비꽃 1

순한 바람이 불어올 즈음
그대는 양지바른 길가에서
작고 가녀린 꽃대를 한껏 밀어 올려
누군가를 기다리고 있었죠

"나를 사랑해 주셔요."

파르르 떨며
사랑을 원하는 그대의 순정을
누가 말릴 수 있을까요

어둠이 내리면
홀로 별을 세면서 밤을 지새우고
첫 발자국 소리 놓칠까 귀를 기울이던
그대의 순진무구한 사랑을
누가 몰라주던가요

누가 알아주지 않아도
누군가를 위로하고 용기를 주며
사랑으로 품어주려는
그대의 수정처럼 맑은 영혼은
어쩜 그리 천진한 아이를 닮았던지요

제비꽃 2

추위가 여전해도
그대가 꽃을 피운 것은
이른 봄 생동의 기미를 남보다 먼저 알아챘기
때문이지
작고 가냘픈 꽃잎을 틔우기 위해
언 땅에서 홀로 떨며 기다린 인고가 어찌 작으랴

풀숲에 가려 지나칠 뻔했다가
다가서자 앳된 미소로 반기는 그대
내가 널 찾은 것인지
네가 날 찾은 것인지 알 수 없지만
첫눈에 우린 하나가 되었네

네 작은 생명 안에는 광속으로 달려온 별빛들과
강 물결 소리, 검둥오리 젖은 눈빛도
모두 담겨 있을 테지
지구별에서 긴 밤을 홀로 지새우는
우리는 외로운 존재

접시꽃

깊은 산 외딴 마을
사람 자취 없는 빈 광장 한편에
한여름 뜨거운 햇살 받으며
접시꽃 홀로 피었네

뭉게구름 피어오르고
훈풍이 불어오는 하늘을 향해
그대는 온 우주의 적막을 안고서
어쩜 그리도
함초롬히 피었을까

지난날 남도의 집 마당 꽃밭에
여름꽃들이 화사하게 피었을 때
담장 밖에서 홀로
빈 골목을 지키던 네 모습
지금도 그때처럼 외롭게 서 있을까

석류

어느 집 담장가인가
붉은 석류꽃이 하늘을 향해
뜨겁게 구애를 하다가 진 그 자리에
열매가 맺히고 익어가더니
마침내 드러낸 농염한 자태

내밀한 가슴 속에서
상큼한 옥구슬 톡 하고 열어젖히자
맑은 하늘도 길 가던 사람들도 현혹되어
붉게 물든다

담장 앞을 지날 때마다
제 몸 불살라 터뜨리는 사랑의 서사에
숨을 멎게 하는 석류

치자꽃 향기

범접할 수 없는
그대 순백의 자태를 바라볼수록
내 마음 설레나니

해마다 유월이면
홀로 인적없는 언덕에 올라
그대의 고결한 향기가 바람에 실려
내게 와닿기를 고대한다

땀 흘려 기다려서
그대의 향기를 맡을 수 있다면
더없이 행복할 테지만
끝내 그대가 오지 않더라도
눈물 보이지 않고 돌아설 수 있다

오늘도 나는 그대를 그리며
바람 부는 언덕을 오른다

들국화

빈 들판에 노란 들국화
하늘 호수에 마른세수하다가
바람이 아기 볼살 같은 꽃잎을 흔들자
허공의 고요가 출렁인다

수많은 불면의 밤들과
새벽 된서리를 견디고 핀 들국화
네 안에 별빛 달빛과 바람 소리가 담겨
온 우주를 품었으니
어찌 사랑하지 않을 것인가

벌들은 꽃향기에 취하고
나는 꽃의 순정에 흠뻑 빠지는 순간
단풍은 가을 산 붉게 물들이고
꽃은 내 마음 노랗게 물들인다

여뀌꽃

양지바른 비탈에
붉은 꽃 알알이 맺은 그대
청초하고 여린 자태에 윤기가 흘러
허리를 굽혀 다가서자
그대는 가는 꽃대를 곧추세우고
낯선 나를 바라보네

"안녕?"

짤막한 내 인사가 어색했던지
그댄 서먹했다가
꽃대를 흔들며 반겨주었네
내 춥던 가슴은 데워지고
우리 위로 하늘 호수가 푸르게 열리고
있었네

오미자

한여름
남녘의 외딴 산간에는
오미자가 뜨겁게 영글어가겠지

송골송골 달린 열매는
태양처럼 붉고
터질 듯이 팽팽할 거야

사계절의 단맛 쓴맛을 다 보았기에
그 작은 한 알 안에 다섯 가지 오묘한
맛을 담을 수 있는 거지

생각해 봐
너도 언제 오미자처럼
치열하게 영글었던 적이
있었던가를

물봉선

숲으로 가는 길가에
무리 지어 피어 있는 물봉선
밤하늘의 별들이 내려앉은 듯
남몰래 반짝이는 건
저만 바라봐 달라는 속삭임

가까이 다가서자
홍자 빛 얼굴을 옆으로 돌리는 건
까만 밤 내릴 때까지
기다려 달라는 수줍음

백자 사발 조각

백자 사발 한 조각
온전했다면 하늘을 담을 듯 듬직한 형태가
볼만한 물건이었을 텐데

어느 도공의 손길로 빚어졌을까
갓 구운 듯이 투명한 윤기가 살아 있는
그 안에는 맑은 정화수가 담기고
푸른 하늘이 비쳤을 거야
고된 시집살이 새댁의 눈물 몇 방울쯤도
떨구어졌을 테지

그 기물이 깨졌을 때
모든 것이 산산조각 나는 상심이랄까
꽁꽁 언 강이 갈라지듯이
멀쩡하던 하늘이 두 동강이 났었을 거야

그리운 별 하나

그대는 날 보기 위해
수백수친 광년이나 걸리는 오리온 별자리
아니면 거기서 그만큼 더 가서
안드로메다 성운이라는 까마득한 곳에서
빛의 속도로 날아오는 건 아니겠지
그건 나나 그대에겐 너무 가혹한 일이야

사실이면 차라리 난
그댈 기다리길 깨끗이 단념하고
밤하늘 맑은 날 깜깜한 들녘으로 달려가
우두커니 서서
그댈 바라보다가 오겠어
그러니 그대도 내 그리움이 닿을 거리쯤에서
멈춰서
반짝이며 날 바라봐줘

억새꽃

열어진 햇살이
가을 빈 허공에 번지면
부챗살 꽃을 피운 억새가 햇살을
길에 뿌려놓는다

억새 그림자 밟으며
한참을 가다가 뒤돌아보면
하얀 억새꽃이
제 그림자 따라서 춤추고
있다

우리는 별

동녘인가
금원산 위로 큰 별 하나가
나를 바라보면서

"나마스떼"

하고 속삭이는데
그 목소리는 꿈속에서 보던
그대였네

별은
항상 제자리에서 빛나는데
저 큰 별을 바라보는 자 누구일까
분명 내가 있었는데
나는 사라지고 없으니

이제야 알았네
나도 하나의 별이었음을
그대도 하나의 별이었음을
우리는 그리워하다 만나지 못하는
가슴속의 별이었음을

오리온별

밤이 깊도록
잠 못 이뤄 뒤척이다가
창문을 열고 밖을 내다보자
앞산은 어둠에 지워지고
밤하늘엔 별들이 쏟아져 내릴 듯
반짝이는데

무수한 별들 가운데
하나 둘 셋 나란히 빛나는
오리온별
여전히 끝 모를 성간우주를 여행 중인가

"오랜만이야,
설마 날 기다렸던 거야?"

날아가는 별에게 잠시 쉬었다 가라고
인사를 건넸어

새끼 도마뱀

거리의 화단에서 우연히 본
새끼 도마뱀
어쩌다 회색빛 도시에 달랑 남겨졌을까

밤새 차량들의 소음과 가로등 불빛에 숨죽이다가
새벽이슬로 목을 축이고
아침 햇볕에 젖은 피부를 말리리라

그가 풀 속으로 사라진 후로
생경한 무엇을 잃어버린 듯 허전했는데
그의 무탈을 빌어주는 것밖에
할 수 있는 일이 없으니 어쩌겠는가

그도 한 생명이기에
제 앞의 삶을 스스로 살아내야 한다는 걸
모르진 않을 것이다

별들이 빛나는 밤

도시의 밤하늘에
고흐의 소용돌이 별들이 사이프러스 나무를 지나
빛의 축제를 벌이는 사이

빌딩 숲 골목 한편에서
밥벌이에 지친 그대들은 엉거주춤 서서
쓴 담배를 피운다
내뿜는 희뿌연 연기가 길을 막아
미로에 갇힌 그대들
서로가 서로에게 위로가 되지 못한다

그대들이 한껏 기도로 담배를 빨아들일 때
반짝이며 타는 담뱃불을 보고
소용돌이 별들 가운데 하나가 수군댄다

"저것 좀 봐,
저건 어느 성좌의 별들이지?"

별들이 일제히 웅성거리자
밤하늘 가득 채운 어둠이 출렁인다

그대들은 아는가
스스로 제 한쪽 귀를 잘라버린 화가의 절연한 고독만큼이나
저 별들도 외로워서 밤마다 모여 반짝이며
서로를 위로하는 것을

나뭇가지 그림자춤

가을볕 타고 들어온 강한 바람이
거실 바닥에 나뭇가지 그림자를
세차게 흔들어댄다

현란한 그림자 춤을 보고 있자니
내 안에 잠자던 세포들을 깨워
모닥불을 쬔 듯
몸이 뜨겁게 달구어진다

얼마 만에 대했던가
하늘과 땅의 정령이 들려주는 이야기를
까마득히 잊어버린 신화를

하얀 민들레꽃

길가에 핀 하얀 민들레꽃
봄 햇살 받으며 환한 니는
어느 별에서 날아온 귀한 손님인가

올 때처럼 몰래 날아갈까 봐
홀씨 받아 곁에 두고 보려 했더니
어느 날 홀연히 사라져서
네 빈 자리엔 빛 잃은 햇살만이 쓸쓸하다

단 한 번의 만남에 그친 우리의 짧은 인연
내 욕심으로 인해 네가 떠난 건 아닌지
뒤늦은 후회가 잔물결을 일으켰다

내 안에 별들이 무수히 많지

항하의 모래알만큼
하늘엔 별들이 무수히 많지
낮에는 몸을 숨기다가 밤만 되면 나타나는
수많은 별들 말이야
저 별들은 서로가 내는 별빛으로 소통을 하지
혼자서 빛나는 별은 없어

내 안에도 별들은 많아
거의 드러낸 적이 없는 별들은
나오는 걸 원치 않거나 나올 길을 찾지 못해
빛을 보지 못한 것들이야

별들이 제대로 빛을 내지 못하고
혼자 외롭게 꺼져갈 때의 혼돈과 절망의 고통은
겪어본 자만이 알지

내 안의 별들이 빛을 보게 하려면
나를 좀 더 거칠게 다뤄야 해
웬만한 비바람도 소용없어
허리케인이나 모래폭풍 정도면 모를까

그루터기

한때 너도 당당하게
하늘을 찌르며 쑥쑥 자라던 한 생명이었지
누군가에게 그늘이 되어주고
꽃과 열매를 아낌없이 베풀던 아름드리나무가
한 원자로 환원되어 우주로 돌아간 거야

네 나이테가 삭아 지워지지 않게
밤과 낮은 교대로 널 지키고
새벽안개와 고요가 너를 감싸주네
네게 기댔던 새와 곤충들도 찾아와 머물면
너의 말라비틀어진 뿌리는 물기를 향해 더듬기
시작하지

지난날 네가 이웃에게 보여줬던 따스한 시선과 치유의
손길을 닮은
그네들의 헌신에 너는 안온한 잠에 빠지지

한 하늘 아래에서
모두가 하나로 연결되어 있으면서
섭섭으로 흐르는 거야

버들개지

울분과 상처, 방황의 무거운 짐에 눌려
빛들지 않는 컴컴한 심해에 위리안치로 보낸
형극의 세월
날고 싶어도 유영하고 싶어도 할 수 없었던
가여운 영혼

그대의 간절한 기도가 통하여
어둠의 틈으로 들어온 한 줄기 빛에
너를 막고 있던 장애들이 걷히고
마음껏 떠날 수 있게 되었으니

이제 더는
애쓰지도 상처받지도 말고
마음 가는 대로 가되
가다가 힘들면 쉬었다가
흘러가렴

뻐꾸기 울음소리

지척에서
들려오는 뻐꾸기 울음소리
새는 보이지 않지만
저녁 종소리처럼 은은한 소리가
몸 안에 부드럽게 감긴다

새 울음 그치자
다시 적막에 든 숲길

소리는 메아리 되어 맴돌다가
내 안 깊은 곳에 잠자던 그리운 이의 목소리를
깨워놓고는
허공으로 사라진다

북한산

깊은 산에 들어서면
고향에 찾아온 듯 아늑하다
숨어 사는 은자가 되어
가슴을 풀어 헤치고 바람 따라 걷는다

가을 산색은 짙어져서
단풍잎 어깨를 스치고 떨어져 길을 덮고
아스라한 흰 암벽에는
지난봄 복사꽃 흐드러지게 피어
붉은 꽃잎이 계류 따라 세월처럼 빠르게 흘러갔었지

노랑 감국 벗하며 석간수로 목을 축이고
너럭바위에 앉아 흰 구름을 쫓다가
어둑해지면
옛절 산창에 기대어 차를 마신다

제주 동백숲에서

겨울 동백숲에
동박새는 보이지 않고
동박새처럼 고운 사람들이 붉은 꽃잎 사이에서
서로 바라보며 해맑게 웃습니다

꽃을 바라볼 때마다
동백은 붉은 꽃망울 하나둘 터뜨리고
꽃에 손길이 닿을 때마다
꽃들은 붉은 미소로 화답합니다

겨울 동백숲에서
동박새처럼 예쁜 사람들이
레드향 같은 달달한 사랑을 나눕니다

달항아리

어쩜 저 둥근 항아리가
모든 걸 다 담아낼 수 있을까
끝없이 채워도 받아들이는 넉넉함은
광대한 우주를 닮은 기물

환한 보름달이 지상에 내려온 듯
꾸밈없이 원만한 자태
누가 이보다 크다고 할 수 있을까

유백색의 온화한 곡선엔
드러내지 않는 겸손이 깃들어
더할 데 없는 최상의 경지를 보였으니

조선의 이름 없는 도공은
그의 손을 신기(神氣)에 의탁하여 빚었을
것이다

은빛 강 물결

가을빛이 수면에 닿자
은빛 가루를 뿌려놓은 듯 환하게 반짝이는
물결

강물은 고요히 흐르고
작은 배 한 척이 서서히 은빛 수면에 닿자
어둠에서 나와 환(幻)의 세계로 들어가듯 빛으로
화하여
해가 지는 서쪽으로 차츰 사라진다

무심에 통하여
세상의 명리를 벗어났음이여

홀로 깊어가는 밤

고요한 밤이다
밤의 정적 속에 깨어 있다
바람도 구름도 선(善) 여인도 사위엔 아무도 없는
진공과도 같은 적막에 둘러싸인 밤
까만 밤

촘촘한 침묵 속에서
촛불은 미동도 없이 곧게 타들어 가고
우수 같은 것이 스치고 지나가는
마음속까지 까만 밤
그러다 슬그머니 충만으로 채워지는
그런 밤

홀로 있을 때 근원에 다가가고
존재의 신비가 살아나는 고요한 밤

안의에서

배롱나무 붉은 꽃 시들어가고
내 건너 왕버들숲 녹음 짙어갈 무렵
너를 볼지 모른다는 기대로 광풍루에 오른다

비 갠 뒤라 바람은 시원한데
기다리는 넌 오질 않고
빈 가슴만큼이나 먹먹한 산하
저 말 없는 산하는 먼저 다가설 줄도 모르는가

오래된 느티나무에게 달려간다
고장의 부침을 지켜본 나무에게 기대고 싶었으나
세월을 먹은 나무는 힘없이 잎만 흔든다
우린 서로를 위로하지도 위로받지도 못하니
외로운 건 매한가지

붉은 꽃 다시 필 날 기약하며
그대를 두고 돌아서는 발길에
눈물이 뜨겁게 밟히더라

암자를 찾아가는 길

암자를 찾아가는 길은
난해한 벽암록 한 구절보다 익숙해서
보이지 않는 길이 끝나는 곳으로 가면 된다

길을 잃지 않도록
틈틈이 손가락 끝이 가리키는 곳을
바라보면서
방향 감각을 익힐 것

암자에 이르거든
밥벌이에 치열한 나를 잊고
시리게 찬 석간수 마시며
툇마루에 앉아 산과 구름을 바라보다가

오수 삼매에 들어
샘처럼 근원에서 솟아나는
나를 찾을 것

들국화 2

들길에 핀 노란 들국화
비바람, 천둥번개와 달빛 별빛을 받으며
외롭게 피어 있는 너

왜 나는 네게 끌릴까
네게 무엇이 있길래 그냥 지나치지 못할까

네겐 아무런 의미도 없다
이 순간 이 자리에 존재해 있을 뿐
그것만으로 너의 의미는 우주만큼 크고 심오하다

한 하늘을 베고 사는 우리는
더러 물어야 한다

나는 널 사랑하고 있을까
너는 날 사랑하고 있을까

대자연과 소통, 서정과 낭만의 시 세계

— 이규석 시집 『풀꽃 향기가 나는 사람이 좋다』 서평

윤 제 철

(시인 · 문학평론가)

1. 들어가는 글

사람은 말을 하지 않고 가만히 앉아 있어도 얼굴과 몸에서 풍기는 남다른 이미지가 있다. 특히 눈빛을 보면 생기 있고 반짝이는 총명한 기운이 있다. 꼭 말을 들어봐야만 그 사람을 알 수 있는 것은 아니다. 이규석 시인을 처음 만났을 때 받은 인상은 말수가 적고 진중한 분이었다. 원고를 받아 읽을 때마다 느끼는 것은 많은 생각을 한 흔적이 남아 있었다.

쓸데없이 헤프거나 막된 허튼소리가 없고, 꼭 필요한 이야기만 골라 분명하게 꺼내는 신중함이있다. 필

자는 이 시인을 조금씩 알아가고 그의 글을 읽어가면서 자신이 곧 글이 되는 것처럼 가식이나 위선을 찾을 수가 없었다. "글은 곧 사람"이란 말을 떠오르게 한다. 한 편 두 편 더 작품을 접할 기회가 많아지면서 점차 선명한 이미지가 눈에 띄었다.

사물이나 사건을 접하면서 관찰하는 것을 생활화하면서 예민해진 감각은 시야를 넓혔고 깊은 사고력을 지니게 되었다. 남다른 창작 의욕을 지닌 이 시인이 예상하지 못할 만큼 많은 수의 시를 시집으로 묶겠다고 한글파일로 보내온 것은 놀랍고 반가운 일이었다. 생업을 퇴임하고 나서도 인생 2막의 출발을 시도하고 있는 바쁜 와중에도 틈을 내어 열정을 다한 자식과도 같이 세상에 내놓는 생명체다. 이규석 시인의 첫 시집 발간을 축하하며 시의 세계를 먼저 탐구할 수 있는 기회를 얻게 되어 기쁘게 생각한다.

2. 시인의 사유(思惟)와 향수(鄕愁)

① 시인의 사유(思惟)

「풀꽃 향기가 나는 사람이 좋다」에서 한낱 이름 없는 풀꽃이 상태를 스쳐 지나치지 말고 우리는 배워야 한다. 그리고 그 실체를 규명하는데 게을러서는 안 된다. 「산다는 것」은 나라고 하는 존재의 가치를 벗기다가 더 이상 벗길 게 없을 때까지 벗겨 나를 다 드러내는 일이다. 「하얀 민들레꽃」은 척박한 곳에서도 가리지 않고 무던하게 살아가는 모습을 보고 어떻게 참고 견딜 수가 있을까. 잠시만 견디면 다른 데로 갈 수 있다는 희망을 가져서일까. 「파도의 삶」은 바람이 부는 정도에 따라서 강하고 높거나 약하고 낮게 밀려오기도 한다. 삶의 주인이 바다지만 마음대로 하지 못하고 바람의 영향을 받는다. 「아내가 아프다」에서 결혼기념일은 다가오는데, 허리디스크를 앓기 전으로 돌아가기를 비는 기도로 간절함과 잘못으로 다가오는 반성이 가득한 편지를 시로 쓰는 시인의 사유(思惟)는 생각하고 궁리함이다.

바람에 흔들리는 풀
햇살에 흔들리는 꽃
흔들림을 받아들이는 자세랄까
저마다 흔들리는 모습이 타고난 성정에 따라
다르다

나도 흔들린다
수많은 관계 속에서
수많은 불면의 밤에서
밤하늘을 수놓는 뭇별들에게서
특히 거리의 여인에게서
주체하지 못하고 흔들리는데
그때의 흔들림도 저 풀꽃처럼 순응하는 자세를
보였을까

흔들리니까 살아 있는 생명이다
흔들리니까 풀꽃 같은 향기가 나는 사람이다

—「풀꽃 향기가 나는 사람이 좋다」 전문

풀꽃은 풀에 피는 꽃이다. 흔들린다는 의미는 어떤 동력에 의해 이리저리 잇달아 움직이는 것 말고도, 안정된 마음이나 상태가 어지럽거나 동요하게 되는 것이다. 흔들리는 모습을 보면 풀꽃처럼 순응하지만은 않는다. 주체하지 못 하고 흔들리는 사람이 부끄럽다.

풀은 땅 위의 줄기가 나무와 같은 목질을 이루지 못하여 연한 줄기를 가지고 있어 잘 맞추어 부드럽게 대응한다. 그런 몸에서 작고 앙증맞으면서 냄새가 나는지 알 수가 없는 풀꽃 향기가 나는 사람이 좋다. 도드라지진 않으면서 큰소리 내지 않고 잘 어울려 사는 모습이다. 그만큼 향기가 나는 풀꽃이 있다면 정말 사람 냄새가 나는 사람을 만나고 싶다. 어쩌면 화자가 하고 싶은 말의 결론이다. 한낱 이름 없는 풀꽃의 상태를 스쳐 지나치지 말고 우리는 배워야 한다. 그리고 그 실체를 규명하는데 게을러서는 안 될 것이다.

산다는 것은
삶의 무게를 줄이는 일이다

그대의 정결한 영혼과 닮도록
새처럼 가볍게

구름보다 희게
사슴의 뿔보다 말랑말랑하게
세월의 때를 벗기는 일이다

산다는 것은
울타리를 헐고 나라고 할 것도 없는
익숙한 나를 지우는 일이다

산다는 것은
더 지울 것 없는 나를 드러내는
일이다

―「산다는 것은」 전문

산다는 것은 접하지 않은 날들을 만나면서 알지 못했던 것을 알아가면서 궁금함이나 부담을 풀어내는 일들을 해나가는 것이다. 하루하루를 낯설고 새로워서 설레는 마음으로 대하면서 점차 가볍게, 희게, 말랑말랑하게 하나씩 벗겨낸다고 했다.

어디 그뿐이랴, 나라고 하는 존재의 가치와 영역을 하나둘 넓혀 나가는 일이며 보이지 않게 감추고 있던 껍질을 벗겨가며 성장해 온 실제 모습을 보여주며 과거의 흔적을 지워나가는 일이기도 하다. 벗기다가 더 이상 벗길 게 없을 때까지 벗겨 나를 다 드러내는 일이다.

형체로는 분명히 나타나 있지 않은 것을 어떤 방법이나 매체를 통하여 구체적이고 명확한 형상으로 나타내거나 특히 어떤 소재를 예술적으로 재창조하는 형상화를 통하여 하고자 하는 말을 설명을 하지 않고 함축적인 묘사로 이미지를 선명하게 만드는 일에 성공하고 있다.

길가에 핀 하얀 민들레꽃
봄 햇살 받으며 환한 너는
어느 별에서 날아온 귀한 손님인가

올 때처럼 몰래 날아갈까 봐
홀씨 받아 곁에 두고 보려 했더니
어느 날 홀연히 사라져서
네 빈자리엔 빛 잃은 햇살만이 쓸쓸하다

단 한 번의 만남에 그친 우리의 짧은 인연
내 욕심으로 인해 네가 떠난 건 아닌지
뒤늦은 후회가 잔물결을 일으켰다

―「하얀 민들레꽃」 전문

하얀 민들레가 햇살에 환한 것을 보고 귀하게 여기는 시선이다 어디서 날아오기가 무섭게 올 때처럼 말없이 날아가 버렸다. 함께 하고 싶어 기대했건만 홀연히 사라지니 빈자리가 쓸쓸하다. 너무 짧은 만남이 아쉽다. 내가 욕심부려 떠난 긴 이닌지 후회가 밀려온다.

하얀 민들레꽃을 바라보는 시선에는 하나의 인격이 부여된 사람으로 보인다. 척박한 곳에서도 가리지 않고 무던하게 살아가는 모습을 보고 놀랄 때가 많다. 어떻게 참고 견딜 수가 있을까. 잠시만 견디면 다른 데로 갈 수 있다는 희망을 가져서인지도 모른다.

우리는 왜 그런 생각을 못 했을까. 화자가 짧은 인연을 아쉬워하듯 하얀 민들레의 홀연히 사라질 생각은 무엇 때문일까. 알 수가 없는 데서 시가 만들어질 것이다. 화자가 감각을 통하여 얻어진 시상과는 다른 이미지 속에 독자가 사로잡혀 있을지라도 어쩔 수 없을 것이다.

먼바다에서 쉼 없이 밀려와
흰 거품을 뿌리고 스러지는 파도

나고 스러지는 흰 거품은
파도의 상처요 아픔이며 꽃이다

누군가에게는 영광이 되고
누군가에게는 아픔인 상처

수많은 파도의 상처에서
사람들은 자신을 본다

영원히 마르지 않는 바다
유한의 삶에 그치는 파도

파도의 삶을 살 것인가
바다의 삶을 따를 것인가

파도를 보내는 바다는 말이 없지만
삶의 주인은 그대이다

—「파도의 삶」 전문

바다라는 장소에서 살고 있는 파도는 무엇으로 사는가를 생각하게 한다. 우리 눈에 들어오는 것은 흰 거품을 물고 밀려오는 물결이다. 그 물결은 알 수 없는 의미의 소리를 쉬지 않고 던진다. 파도의 상처인지, 아픔인지, 아니면 꽃인지, 바라다보는 우리는 자신을 본다.

파도는 만들어져 밀려왔다가 스러지고 다시 또 끊임없이 산다. 파도는 바다가 만들어서 아무 말 없이 보내는 삶을 산다. 바람이 부는 정도에 따라서 강하고 높거나 약하고 낮게 밀려오기도 한다. 삶의 주인이 바다지만 마음대로 하지 못하고 바람의 영향을 받는다.

그냥 바라다보면 단순하게 바다가 파도친다는 하나만을 인식할 뿐인데 화자는 바닷물의 움직임이나 상태에 따라 의미를 사람들의 삶과 비유를 하여 감정을 이입시켜 공감을 얻게 하고 그로 인해 감동을 받아 알지 못했던 것을 깨닫고 자신에게 맞게 변화를 시켜주고 있다.

아내가 아프다
어지간해선 약 없이 참고 넘겼던 아내가 결국은
병원을 찾는다
의사는 몇 마디 물어보곤 허리디스크라고 한다
허리가 힘없이 꺾이면 그렇단다
아내는 잔병 하나 달고 산 적이 없었고
아이들 가졌을 때도 감기약 한번 먹지 않았는데
비염이 자주 오더니 허리마저 탈이 났다

청소와 설거지에 젖은 빨래 뭉치를 너느라
무리가 갔을까
아내는 작은 몸으로 용케도 버텨왔구나
이 지경이 되도록 나는 무엇을 했던가
끙끙대던 모습이 안쓰러웠음에도
다가가 덜어주지 못했으니

착하고 가련한 아내여
평생 파릇파릇할 줄 알았는데
실컷 쉬어보는 호강을 누려보지 못했으니
내 뒤늦은 후회를 어찌하면 좋을까
우리의 결혼기념일은 다가오는데
아내는 허리가 아파서 병원에 다닌다

―「아내가 아프다」 전문

아내는 남편과 가장 가까운 사람이다. 그러나 아픈지를 모를 때가 있다. 말을 하지 않은 까닭도 있겠으나 참고 견디는 것이 이력이 생겼다. 알아도 아파보지 않은 사람은 모른다. 간절함을 몰라 아픈 심정을 공감

하지 못해 약속한 것이 아내다. 화를 내거나 짜증이 난다.

허리디스크는 아파본 사람이 안다. 꾀병을 하는 것처럼 멀쩡하다가도 디스크의 상황에 따라 자리를 이탈하여 신경을 건드리면 자지러지게 아프다. 오랜 세월을 온갖 궂은일을 하자면 탈이 안 나고 견뎌낼 수 있을까, 허리가 아파서 아내는 병원을 다닌다.

결혼기념일은 다가오는데, 화자는 마음이 급하다. 허리디스크를 앓기 전으로 돌아가기를 비는 기도로 간절함과 잘못으로 다가오는 반성이 가득한 편지를 시로 쓴다. 시의 울림이 커지는 것은 진솔함이 쌓여가는 행을 읽으면서 공감이 되고 감동을 느끼게 하는 데 있다.

② 시인의 향수(鄕愁)

「화담집을 읽다가」에서 잡념을 버리고 한 가지 대상에만 정신을 집중하게 만든 문집 속에 펼쳐진 내용을 읽지 않고서야 짐작할 수 있을까. 「인사동에서」는 흩어져 지내다가 인연의 끈으로 묶여 때를 구분하지 않고 만나는 의식이 살아있는 문화의 산실로 그와 그대의 벗들을 기다리는 장소로, 「새끼 도마뱀」에서 반갑거나 친숙한 느낌보다 놀라움뿐이지만 파생되어 나오는 여러 가지 생각들로 유추해 나가는 시의 영상들을, 「새벽 오름」은 자연이나 사물들을 있는 그대로보다는 비유에 의하여 보다 더 가까이 잡아당겨 친근한 안목으로 허심탄회한 이야기가 꾸밈없이 만들어내는 시인의 향수는 사물이나 추억에 대한 그리움이다.

겨울 해가 짧아
햇볕을 곁에 두고 아끼자니
햇살도 내 마음 알았을까
더 밝고 환한 빛을 내어 보답한다

화담집을 읽다가
구름이 짙게 지나가면서
책에 구름 그림자를 씌워 활자를 지운다
햇살이 환하게 돌아오자
다시 살아 꿈틀대는 가지런한 활자들
생명이 나고 스러지는 궤적도
이와 같지 않을까

하늘의 해와 구름이
사이좋게 숨바꼭질하는 한 때
향 한 자루 다 타는 것도 잊고
춤추는 활자 놀이의 삼매경에 빠졌다

—「화담집을 읽다가」 전문

화담집은 서경덕 선생의 문집으로 본집 2권과 부록 2권으로 꾸며졌으나 자신이 저술한 것은 본집 2권이다. 부록 2권은 후인들이 추모문을 써 모은 것으로 구성되어 있다. 황진이의 접근도 단순히 연인관계로 반영하지 않을 만큼 시적이고 감성적인 교류를 상징하고 있다.

화자가 짧은 겨울 해를 곁에 두고 아끼자니 밝고 환한 빛을 햇살로 내어준다. 그도 안 되어 구름이 짙게 지나가면서 활자를 그림자가 지웠다 햇살이 돌아오자 다시 살아 꿈틀대는 활자들을 보면서 생명의 나고 스러지는 궤적을 비유하고 있다.

해와 구름이 숨바꼭질하는 한 때, 향 한 자루 다 타도록 춤추는 활자 놀이의 삼매경에 빠졌다. 잡념을 버리고 한 가지 대상에만 정신을 집중하게 만든 문집 속에 펼쳐진 내용을 읽지 않고서야 짐작할 수 있을까. 온갖 사물과 모든 현안(懸案)이 어우러진 사유의 공간이다.

시대를 달리 살았어도
그대가 거닐었음 직한 길에서
그대와 그대의 벗들을 만날지 모른다는
다소 발랄한 상상을 하고
시간이 멈춘 거리를 걷는다

그런 류의 설렘에 익숙하다 보면
이곳을 찾는다는 것은
그대를 만난다는 기대 말고도
봄을 맞이하는 통과의례로 삼기도 한다
그렇더라도 그대를 향한 내 바람이
줄어든 건 아니다

오히려 해가 갈수록
그대가 선명하게 다가오고
알게 모르게 이미 와 있었을지도
서로 스치고 지나쳤을지도 모른다는
생각이 들 때가 있다

봄바람을 핑계로
오랜 칩거에서 나와 거리의 필방에 이르러
세상 다 받아줄 천진한 표정으로
그대와 그대의 벗들을 기다린다

—「인사동 거리에서」 전문

서울특별시 중구에 있는 인사동은 골동품이나 공예품 가게, 화랑이나 전통 음식점 등이 집중된, 서울의 대표적인 문화, 관광, 쇼핑의 명소이다. 일제강점기부터 골동품 상점들이 들어서기 시작했고, 이들 상점들은 국가유산 수탈의 창구 역할을 했던 곳이었다.

인사동에서는 1919년 3월 1일의 독립운동을 들 수 있다. 당시 33인이 모였던 태화관 자리에는 태화빌딩이 자리 잡고 있다. 해방 후 1970년대에 들어와 화랑, 표구점 등의 미술품 관련 상점들이 이곳으로 집중되면서 현재와 비슷한 문화의 거리로 발전하기 시작했다.

진열된 미술품들을 통하여 누리던 시대를 만들고 선호하거나 탐구하고자 하는 욕구를 가진 사람들이 만나는 곳이다. 흩어져 지내다가 인연의 끈으로 묶여 때를 구분하지 않고 만나는 의식이 살아있는 문화의 산실로 그와 그대의 벗들을 기다리는 장소로 은유하고 있다.

거리의 화단에서 우연히 본
새끼 도마뱀
어쩌다 회색빛 도시에 달랑 남겨졌을까

밤새 차량들의 소음과 가로등 불빛에 숨죽이다가
새벽이슬로 목을 축이고
아침 햇볕에 젖은 피부를 말리리라

그가 풀 속으로 사라진 후로
생경한 무엇을 잃어버린 듯 허전했는데
그의 무탈을 빌어주는 것밖에
할 수 있는 일이 없으니 어쩌겠는가

그도 한 생명이기에
제 앞의 삶을 스스로 살아내야 한다는 걸
모르진 않을 것이다

—「새끼 도마뱀」 전문

생각지도 못한 낯선 존재를 회색빛 도시에서 만났다. 반갑기보다는 머쓱하다. 숨어 있다가 들킨 듯 어쩔 줄 모르는 궁색한 낯이다. 안쓰러운 마음으로 무탈을 바랄 뿐이다. 품어줄 데 하나 없는 살벌한 곳에서 쫓아낸 것만 같아 아무런 조치도 없이 보내 허전하다.

생명을 지닌 것들은 만나면 왠지 함부로 해서는 안 되는 절박감을 가진다. 더구나 새끼를 보면 잘 있던 것을 놀라게 하지나 않았나 걱정이 앞선다. 자식을 둔 부모여서일까. 사라지고 나서 앙증스러운 여운이 살갑게 가슴으로 다가와 피붙이들의 지난 추억이 떠오른다.

돌연히 나타난 새끼 도마뱀은 반갑거나 친숙한 느낌보다 놀라움뿐이지만 파생되어 나오는 여러 가지 생각들로 유추해 나가는 시의 영상들을 만들어낸다. 그것은 하나의 스토리를 구상하고 쌓여있는 벽을 허물면서 너와 나로 맞상대하는 진솔한 대화를 주고받을 수 있다.

오름의 바람은 부드럽고
오름의 햇살은 한없이 투명하다
오름은 너와 나를 놓아버리려고 오르는 곳
여전히 펄펄 끓어오르는 붉은 용암을
찾아가는 곳이다

사랑이 식어
현무암처럼 숭숭 뚫린 가슴이
다시 뜨겁게 끓어오를 때까지
오름의 억새 숲에 사는 선한 눈빛의 노루와
눈을 맞추며 오르는 오름의 길

바람과 햇살의 투명한 결처럼
숨김없이 드러내어
오름을 덮은 황금빛 억새꽃에 가만히 제 봄을

털어내고
마른 바람에 마음을 씻어내어
오름의 길이 되는 것이다

—「새별 오름」 전문

제주 시내에서 대정읍과 모슬포를 이어주는 애월읍에 커다란 새별 오름이 마중을 나온다. 너와 나를 놓아버리려고 올라 오름이다. 사랑이 식어 다시 뜨겁게 끓어오를 때까지 올라야 하는 오름이다. 황금빛 억새꽃에 제 몸을 털어내고 마음을 씻어 오름의 길을 낸다.

저녁 하늘에 서부의 대표 오름으로 저녁 하늘에 샛별과 같이 외롭게 서 있다하여 붙여진 이름이다. 오름은 새로 시작하는 역사의 출발이다. 아무것도 없는 곳에서 조금씩 쌓아 올리는 힘든 일이다. 그만큼 시야는 넓어지고 꿈과 희망을 키워 가슴을 채우러 가는 길이다.

오름은 용암이 분출하면서 생긴 작은 화산체로 산의 제주도 방언이다. 여행지에서 만나서 관찰하는 자연이나 사물들을 있는 그대로보다는 비유에 의하여 보다 더 가까이 잡아당겨 친근한 안목으로 허심탄회한 이야기가 꾸밈없이 만들어진다.

3. 나오는 글

이규석 시인의 시는 부지런하게 살면서 이곳저곳에서 보고 느낀, 삶의 흔적들로 구성된 하나의 커다란 발자취라 할 수 있다. 모든 사람들이 공유할 수 있는 시적 의미를 지니고 있기 때문에 독자들에게 다가는데 거부감이 없지 않을까 생각한다.

이규석 시인의 시를 읽다 보면 하나의 주제를 선택하여 그것을 그대로 표현하지 않고 마음속에 담고 머금는 시간을 퍽이나 오래 뜸을 들여 마치 유리잔 가득한 물에 커피를 넣어 충분히 우려지도록 기다리는 것이다. 결코 스푼이나 외부의 힘으로 강제성을 띠지 않는다. 그의 시는 인생 여정에서 만난 사물과 사건들을 순간순간 관찰하고 느낀 점들을 빠트리지 않고 메모하여, 시인의 예민한 감각으로 상상력을 통한 충분한 대화를 나누어 대상을 면밀히 파악하고, 내면에 흐르는 의식의 흐름을 드러내는 시적 기교로 승화되었다.

시집은 모두 5부로 나누어 1부 「그녀는 사랑을 원해요」, 2부 「벚꽃이 진 후」, 3부 「그만하면 네 삶도 괜찮았어」, 4부 「속삭이는 섬」, 5부 「그리운 별 하나」로 소개된 시들은 관찰 대상으로 선택한 어떤 사물이나 사건에 감정이입을 시켜 자신이 하고 싶은 말을 대신하도록 묘사하는 은유가 긴장감을 유지하고 선명한 이미지를 만들어 내는데 만만치 않은 역할을 해내고 있다.

그동안 써온 원고를 묶어 시집을 낸다는 것은 지금까지의 시야를 넓히거나 사고의 방향을 새롭게 변화하기 위한 선언이며 등단 이후 재도약의 출범을 의미한다. 이규석 시인의 시집 『풀꽃 향기가 나는 사람이 좋다』 발간을 축하하고, 많은 독자들로부터 사랑 받으시기 바라며 앞으로 시도될 시의 전환을 기대하고 시집을 감상하시는 독자 여러분께 이 서평이 감흥을 받는 데 도움이 되었으면 한다.

문학세계대표작가선 1050

풀꽃 향기가 나는 사람이 좋다

이규석 시집

인쇄 1판 1쇄 2025년 6월 5일
발행 1판 1쇄 2025년 6월 12일

지 은 이 : 이규석
펴 낸 이 : 김천우
펴 낸 곳 : 문학세계 출판부 / 도서출판 천우
등 록 : 1992. 2. 15. 제1-1307호
주 소 : 서울시 광진구 구의강변로 85 강우빌딩 7F
전 화 : 02)2298-7661
팩 스 : 02)2298-7665
http://cafe.naver.com/chunwu777
E-mail : cw7661@naver.com

값 19,800원

ISBN 978-89-7954-957-7